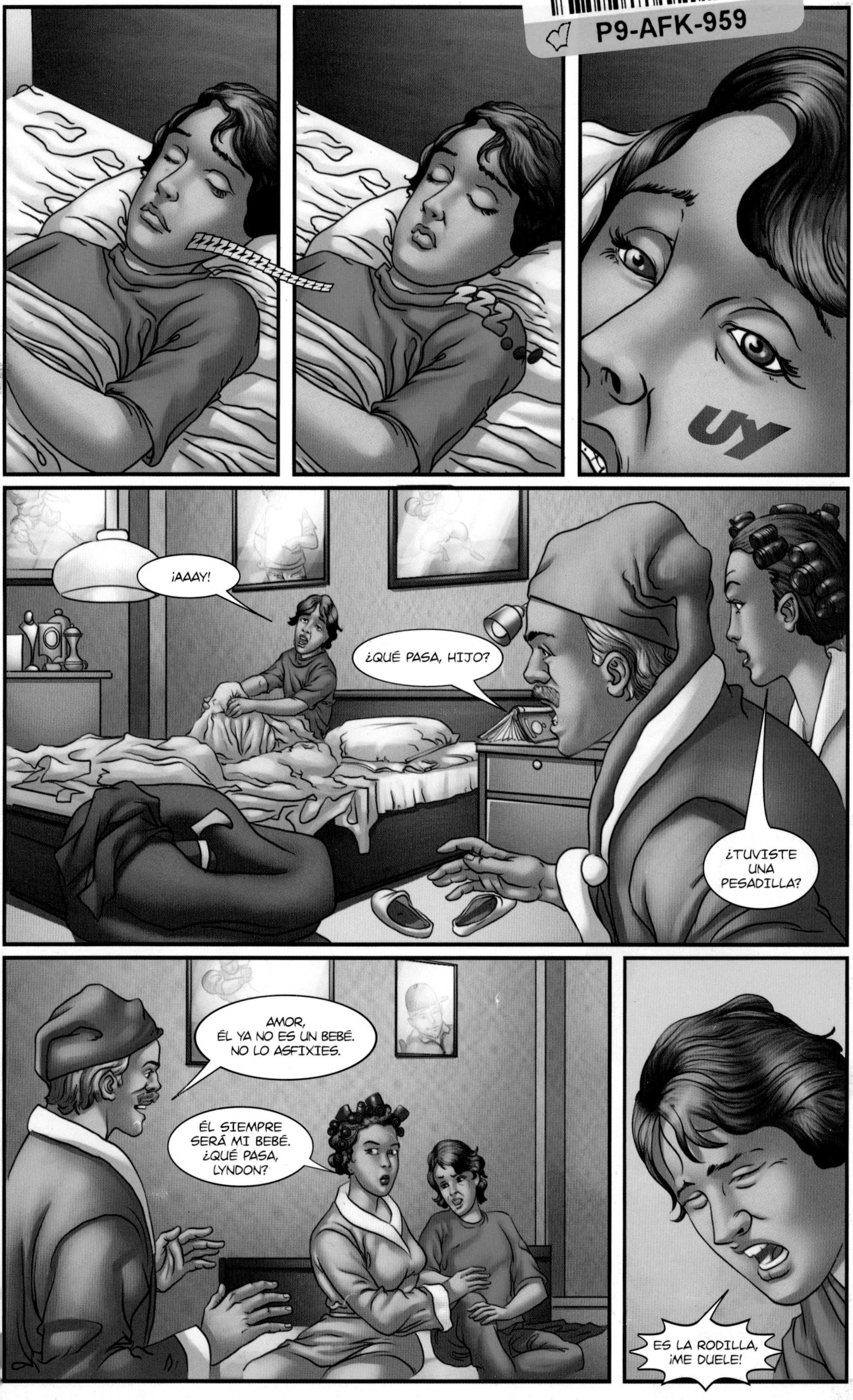
UY
¡AAAY!
¿QUÉ PASA, HIJO?
¿TUVISTE UNA PESADILLA?
AMOR, ÉL YA NO ES UN BEBÉ. NO LO ASFIXIES.
ÉL SIEMPRE SERÁ MI BEBÉ. ¿QUÉ PASA, LYNDON?
ES LA RODILLA, ¡ME DUELE!

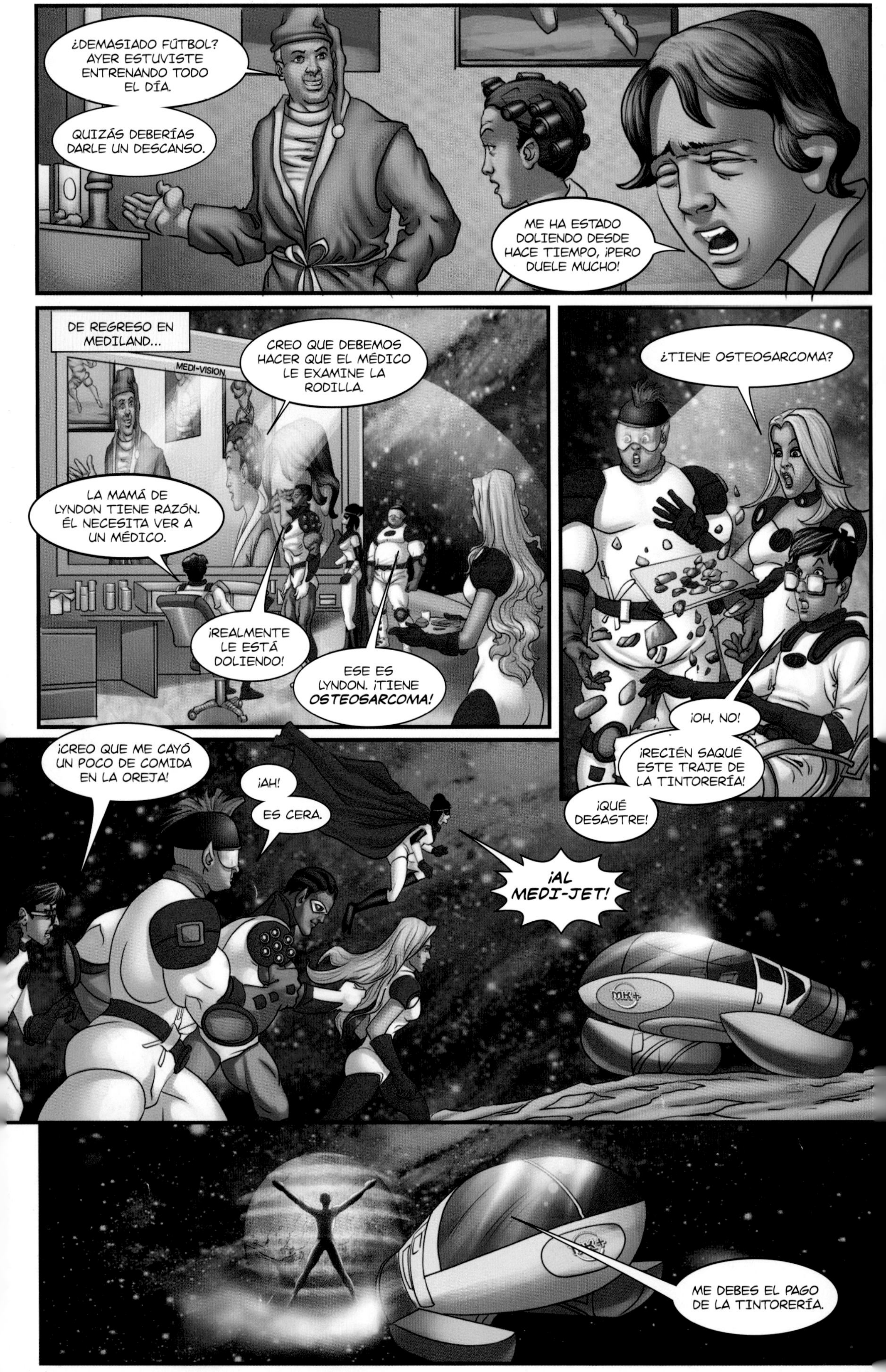
¿DEMASIADO FÚTBOL? AYER ESTUVISTE ENTRENANDO TODO EL DÍA.
QUIZÁS DEBERÍAS DARLE UN DESCANSO.
ME HA ESTADO DOLIENDO DESDE HACE TIEMPO, ¡PERO DUELE MUCHO!
DE REGRESO EN MEDILAND...
MEDI-VISION
CREO QUE DEBEMOS HACER QUE EL MÉDICO LE EXAMINE LA RODILLA.
LA MAMÁ DE LYNDON TIENE RAZÓN. ÉL NECESITA VER A UN MÉDICO.
¡REALMENTE LE ESTÁ DOLIENDO!
ESE ES LYNDON. ¡TIENE OSTEOSARCOMA!
¿TIENE OSTEOSARCOMA?
¡OH, NO!
¡RECIÉN SAQUÉ ESTE TRAJE DE LA TINTORERÍA!
¡QUÉ DESASTRE!
¡CREO QUE ME CAYÓ UN POCO DE COMIDA EN LA OREJA!
¡AH!
ES CERA.
¡AL MEDI-JET!
MK+
ME DEBES EL PAGO DE LA TINTORERÍA.

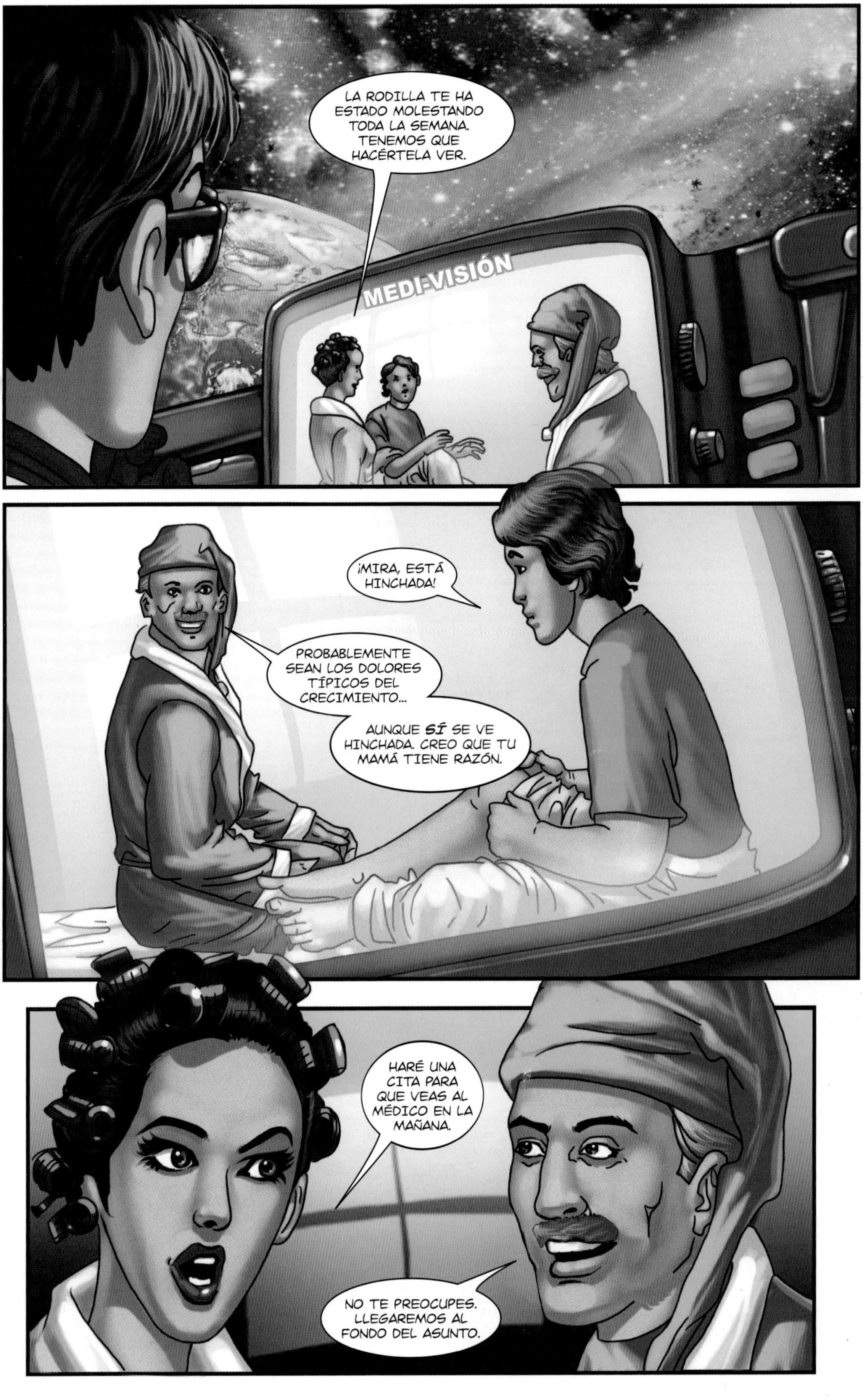
LA RODILLA TE HA ESTADO MOLESTANDO TODA LA SEMANA. TENEMOS QUE HACÉRTELA VER.
MEDI-VISIÓN
¡MIRA, ESTÁ HINCHADA!
PROBABLEMENTE SEAN LOS DOLORES TÍPICOS DEL CRECIMIENTO...
AUNQUE **SÍ** SE VE HINCHADA. CREO QUE TU MAMÁ TIENE RAZÓN.
HARÉ UNA CITA PARA QUE VEAS AL MÉDICO EN LA MAÑANA.
NO TE PREOCUPES. LLEGAREMOS AL FONDO DEL ASUNTO.

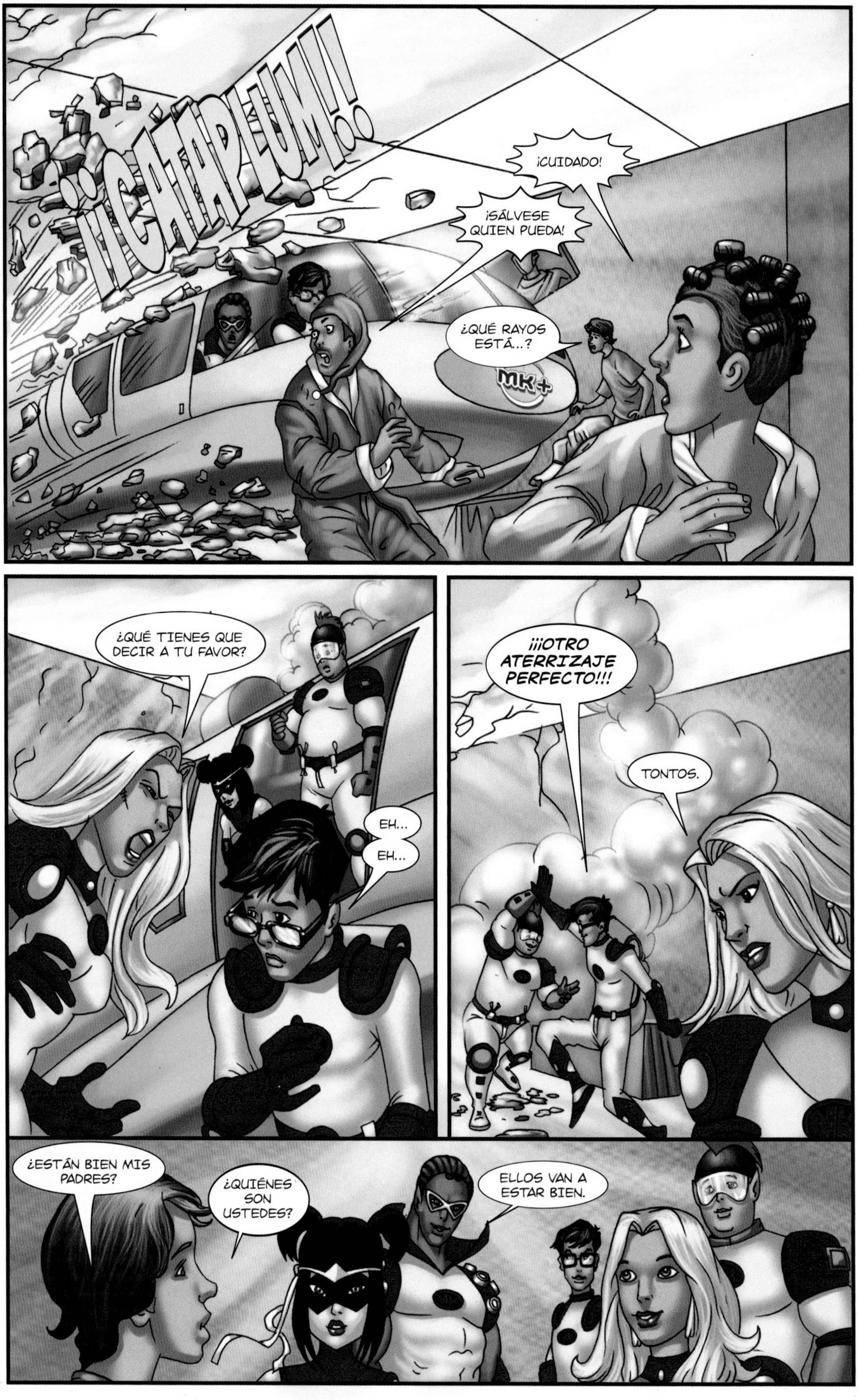
¡¡CATAPLUM!!
¡CUIDADO!
¡SÁLVESE QUIEN PUEDA!
¿QUÉ RAYOS ESTÁ...?
MK+
¿QUÉ TIENES QUE DECIR A TU FAVOR?
EH...
EH...
¡¡¡OTRO ATERRIZAJE PERFECTO!!!
TONTOS.
¿ESTÁN BIEN MIS PADRES?
¿QUIÉNES SON USTEDES?
ELLOS VAN A ESTAR BIEN.

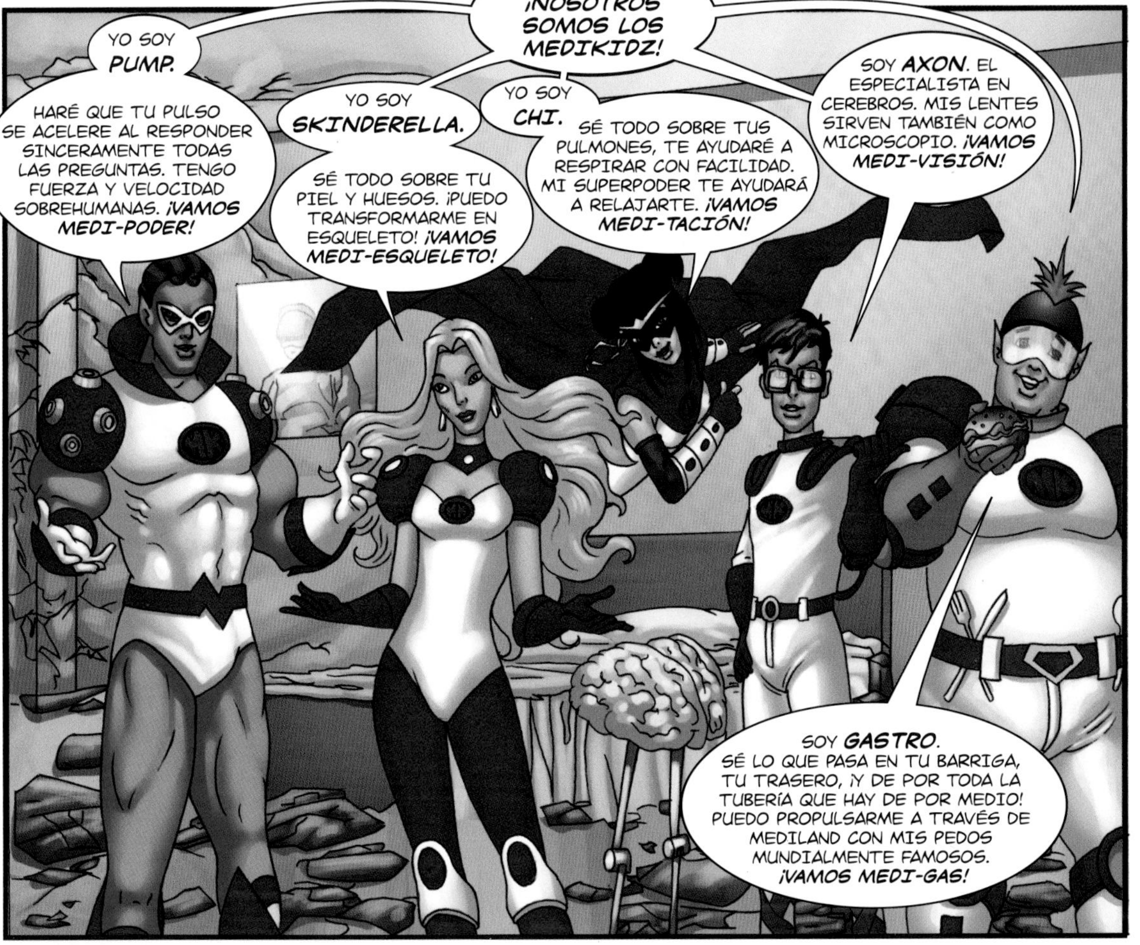
¡HOLA, LYNDON! ¡NOSOTROS SOMOS LOS MEDIKIDZ!
YO SOY PUMP.
HARÉ QUE TU PULSO SE ACELERE AL RESPONDER SINCERAMENTE TODAS LAS PREGUNTAS. TENGO FUERZA Y VELOCIDAD SOBREHUMANAS. ¡VAMOS MEDI-PODER!
YO SOY SKINDERELLA.
SÉ TODO SOBRE TU PIEL Y HUESOS. ¡PUEDO TRANSFORMARME EN ESQUELETO! ¡VAMOS MEDI-ESQUELETO!
YO SOY CHI.
SÉ TODO SOBRE TUS PULMONES, TE AYUDARÉ A RESPIRAR CON FACILIDAD. MI SUPERPODER TE AYUDARÁ A RELAJARTE. ¡VAMOS MEDI-TACIÓN!
SOY AXON. EL ESPECIALISTA EN CEREBROS. MIS LENTES SIRVEN TAMBIÉN COMO MICROSCOPIO. ¡VAMOS MEDI-VISIÓN!
SOY GASTRO.
SÉ LO QUE PASA EN TU BARRIGA, TU TRASERO, ¡Y DE POR TODA LA TUBERÍA QUE HAY DE POR MEDIO! PUEDO PROPULSARME A TRAVÉS DE MEDILAND CON MIS PEDOS MUNDIALMENTE FAMOSOS. ¡VAMOS MEDI-GAS!

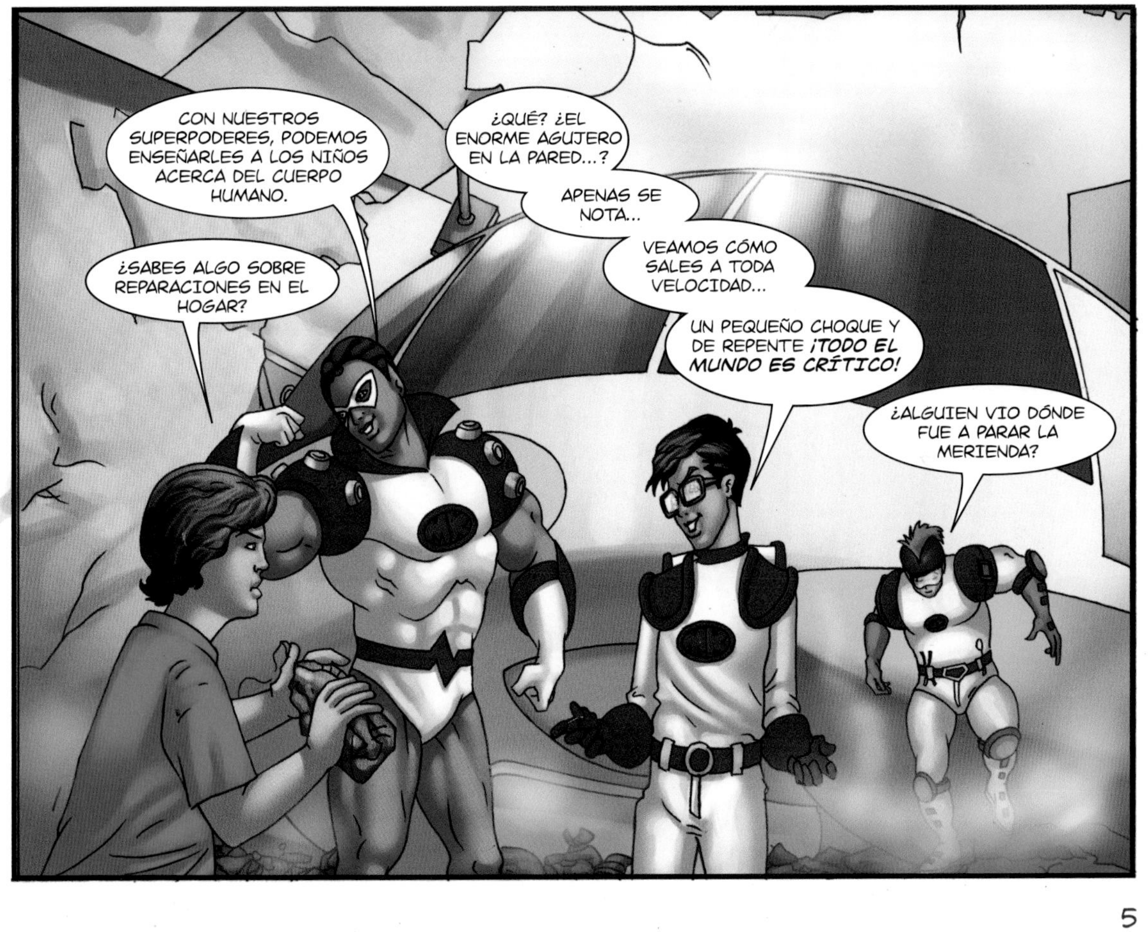
CON NUESTROS SUPERPODERES, PODEMOS ENSEÑARLES A LOS NIÑOS ACERCA DEL CUERPO HUMANO.
¿SABES ALGO SOBRE REPARACIONES EN EL HOGAR?
¿QUÉ? ¿EL ENORME AGUJERO EN LA PARED...?
APENAS SE NOTA...
VEAMOS CÓMO SALES A TODA VELOCIDAD...
UN PEQUEÑO CHOQUE Y DE REPENTE ¡TODO EL MUNDO ES CRÍTICO!
¿ALGUIEN VIO DÓNDE FUE A PARAR LA MERIENDA?

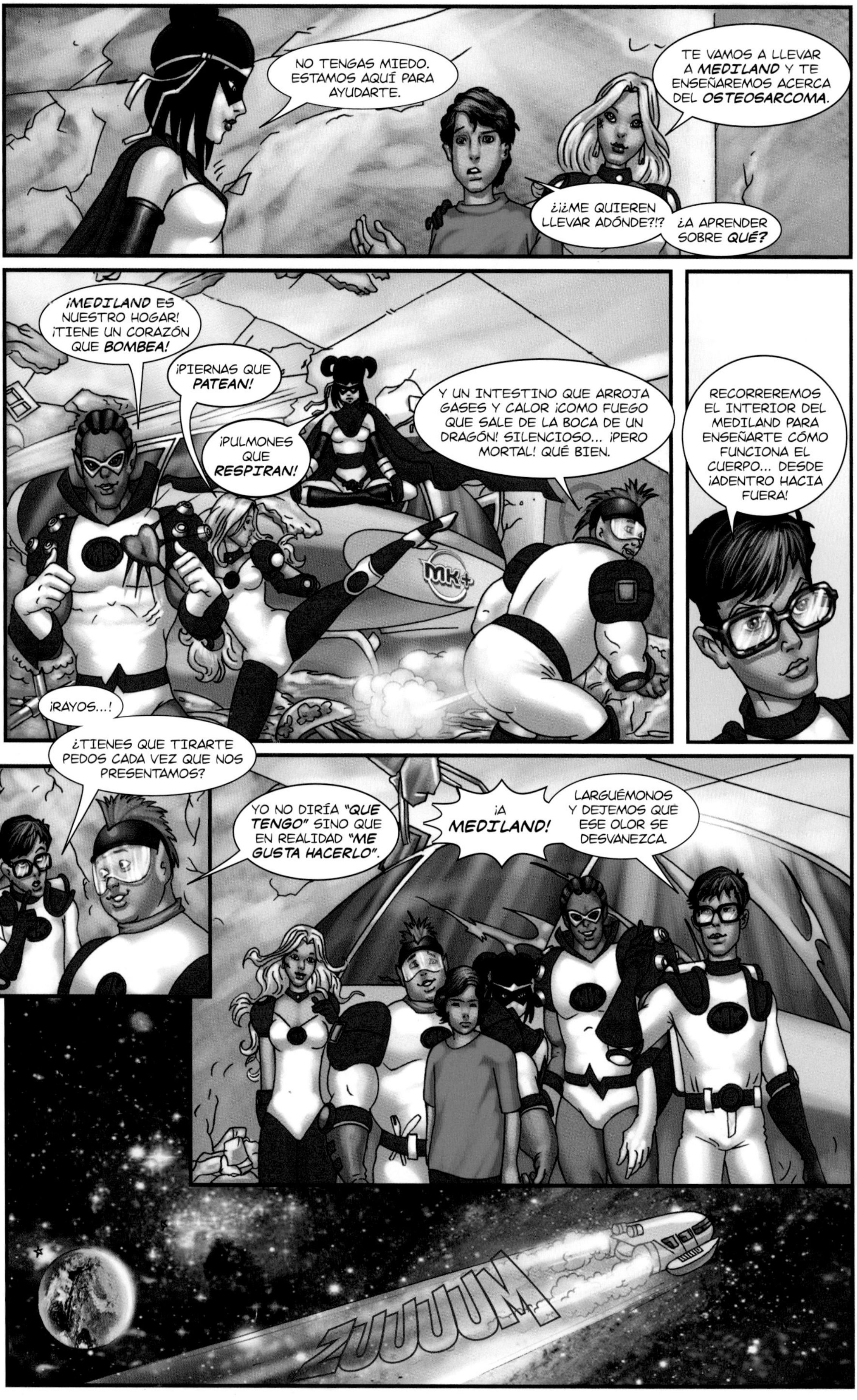
NO TENGAS MIEDO. ESTAMOS AQUÍ PARA AYUDARTE.
TE VAMOS A LLEVAR A **MEDILAND** Y TE ENSEÑAREMOS ACERCA DEL **OSTEOSARCOMA**.
¿¡¿ME QUIEREN LLEVAR ADÓNDE?!?
¿A APRENDER SOBRE **QUÉ?**
¡**MEDILAND** ES NUESTRO HOGAR! ¡TIENE UN CORAZÓN QUE **BOMBEA!**
¡PIERNAS QUE **PATEAN!**
¡PULMONES QUE **RESPIRAN!**
Y UN INTESTINO QUE ARROJA GASES Y CALOR ¡COMO FUEGO QUE SALE DE LA BOCA DE UN DRAGÓN! SILENCIOSO... ¡PERO MORTAL! QUÉ BIEN.
RECORREREMOS EL INTERIOR DEL MEDILAND PARA ENSEÑARTE CÓMO FUNCIONA EL CUERPO... DESDE ¡ADENTRO HACIA FUERA!
¡RAYOS...!
¿TIENES QUE TIRARTE PEDOS CADA VEZ QUE NOS PRESENTAMOS?
YO NO DIRÍA "**QUE TENGO**" SINO QUE EN REALIDAD "**ME GUSTA HACERLO**".
¡A **MEDILAND!**
LARGUÉMONOS Y DEJEMOS QUE ESE OLOR SE DESVANEZCA.
ZUUUUM

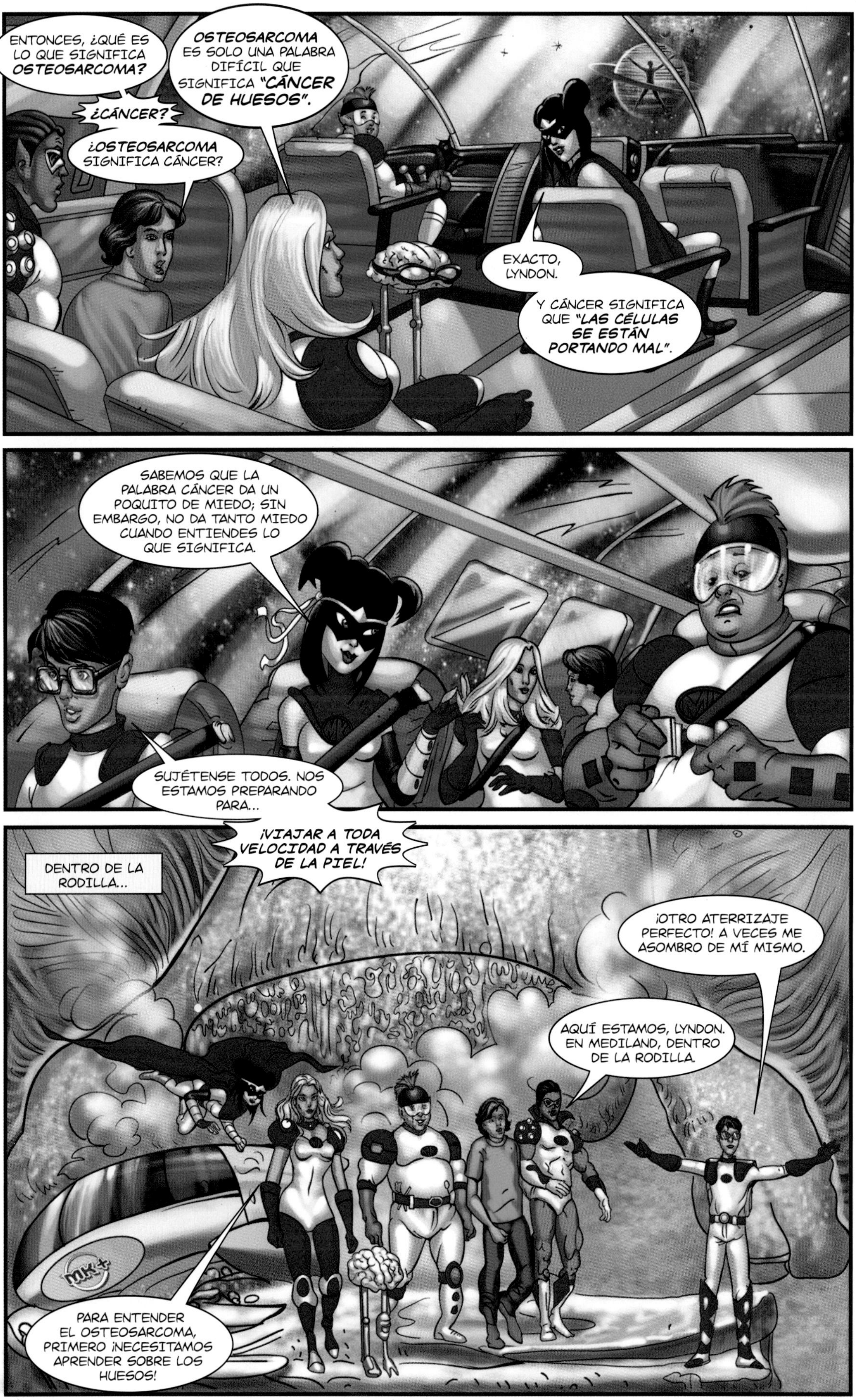
ENTONCES, ¿QUÉ ES LO QUE SIGNIFICA OSTEOSARCOMA?
OSTEOSARCOMA ES SOLO UNA PALABRA DIFÍCIL QUE SIGNIFICA "CÁNCER DE HUESOS".
¿CÁNCER?
¿OSTEOSARCOMA SIGNIFICA CÁNCER?
EXACTO, LYNDON.
Y CÁNCER SIGNIFICA QUE "LAS CÉLULAS SE ESTÁN PORTANDO MAL".
SABEMOS QUE LA PALABRA CÁNCER DA UN POQUITO DE MIEDO; SIN EMBARGO, NO DA TANTO MIEDO CUANDO ENTIENDES LO QUE SIGNIFICA.
SUJÉTENSE TODOS. NOS ESTAMOS PREPARANDO PARA...
¡VIAJAR A TODA VELOCIDAD A TRAVÉS DE LA PIEL!
DENTRO DE LA RODILLA...
¡OTRO ATERRIZAJE PERFECTO! A VECES ME ASOMBRO DE MÍ MISMO.
AQUÍ ESTAMOS, LYNDON. EN MEDILAND, DENTRO DE LA RODILLA.
PARA ENTENDER EL OSTEOSARCOMA, PRIMERO ¡NECESITAMOS APRENDER SOBRE LOS HUESOS!

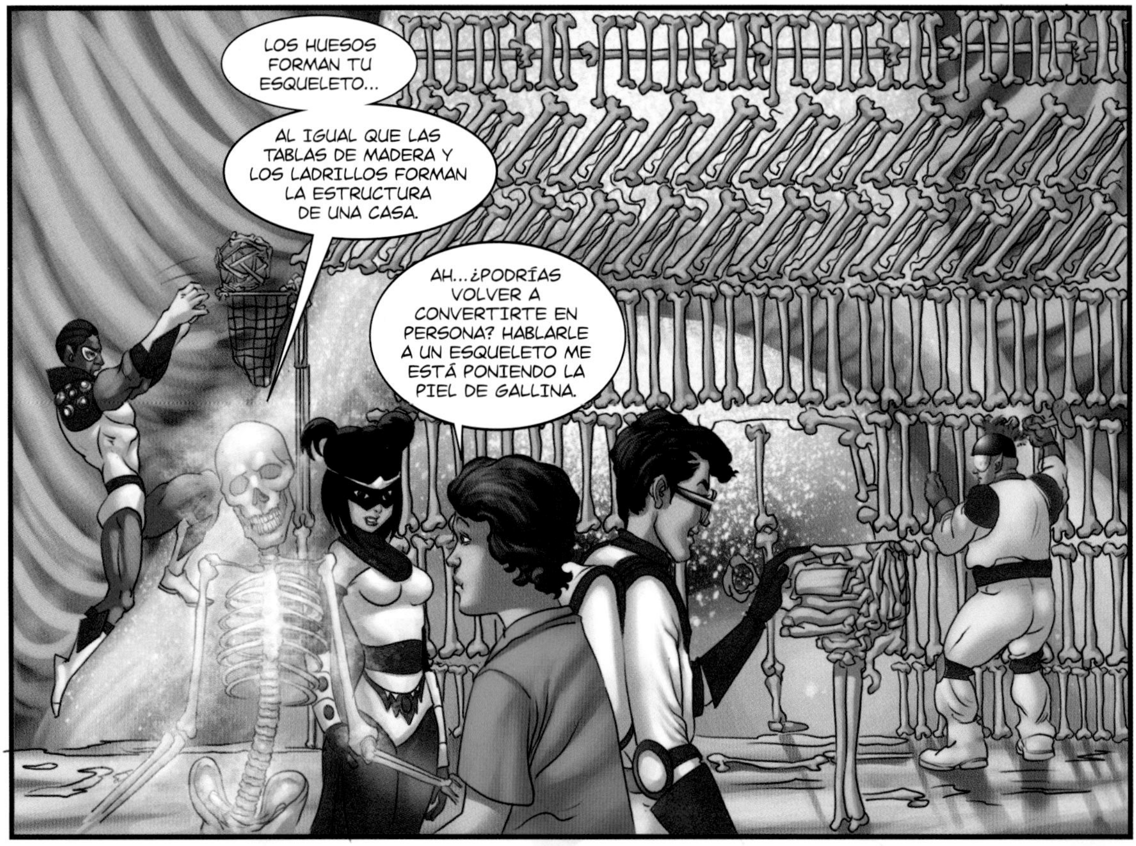
LOS HUESOS FORMAN TU ESQUELETO...
AL IGUAL QUE LAS TABLAS DE MADERA Y LOS LADRILLOS FORMAN LA ESTRUCTURA DE UNA CASA.
AH...¿PODRÍAS VOLVER A CONVERTIRTE EN PERSONA? HABLARLE A UN ESQUELETO ME ESTÁ PONIENDO LA PIEL DE GALLINA.

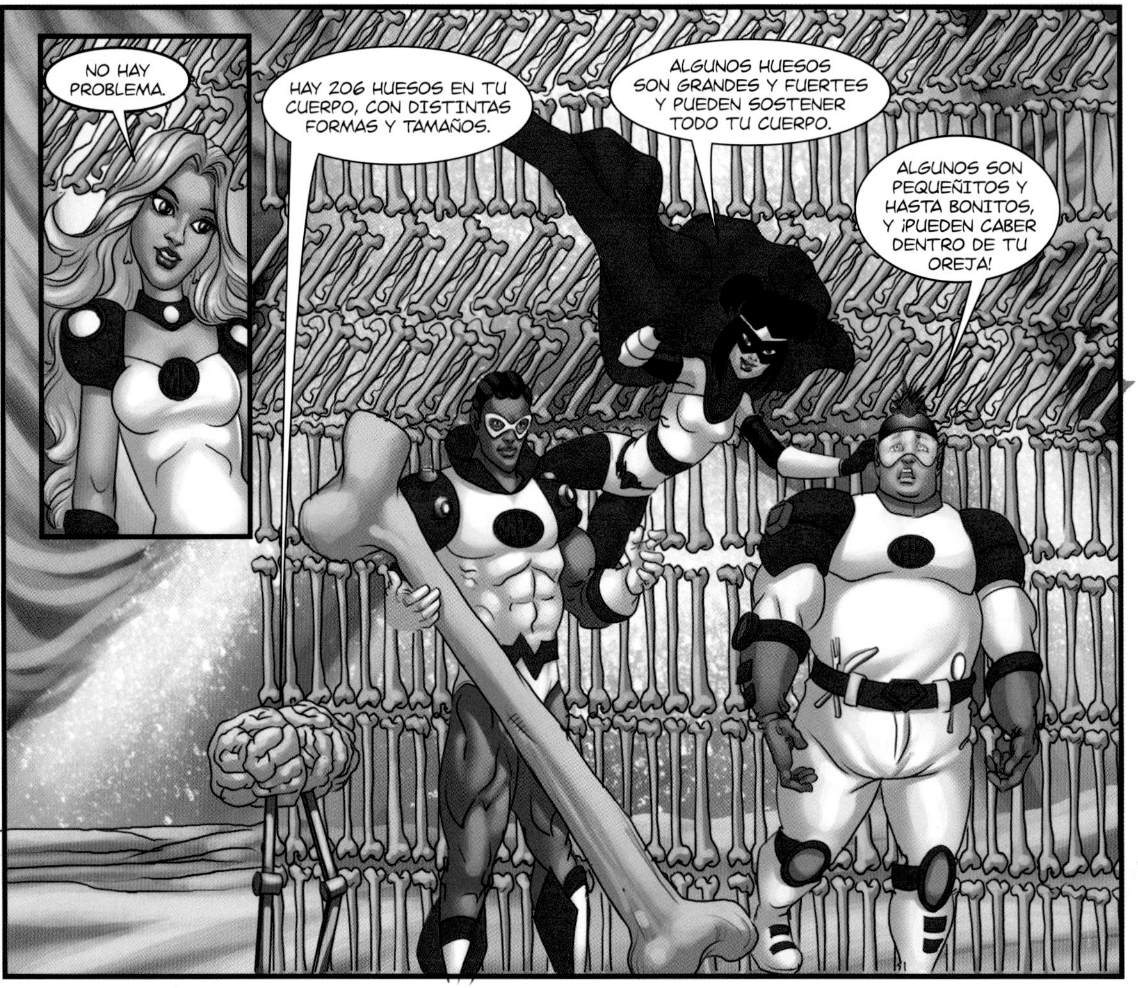
NO HAY PROBLEMA.
HAY 206 HUESOS EN TU CUERPO, CON DISTINTAS FORMAS Y TAMAÑOS.
ALGUNOS HUESOS SON GRANDES Y FUERTES Y PUEDEN SOSTENER TODO TU CUERPO.
ALGUNOS SON PEQUEÑITOS Y HASTA BONITOS, Y ¡PUEDEN CABER DENTRO DE TU OREJA!

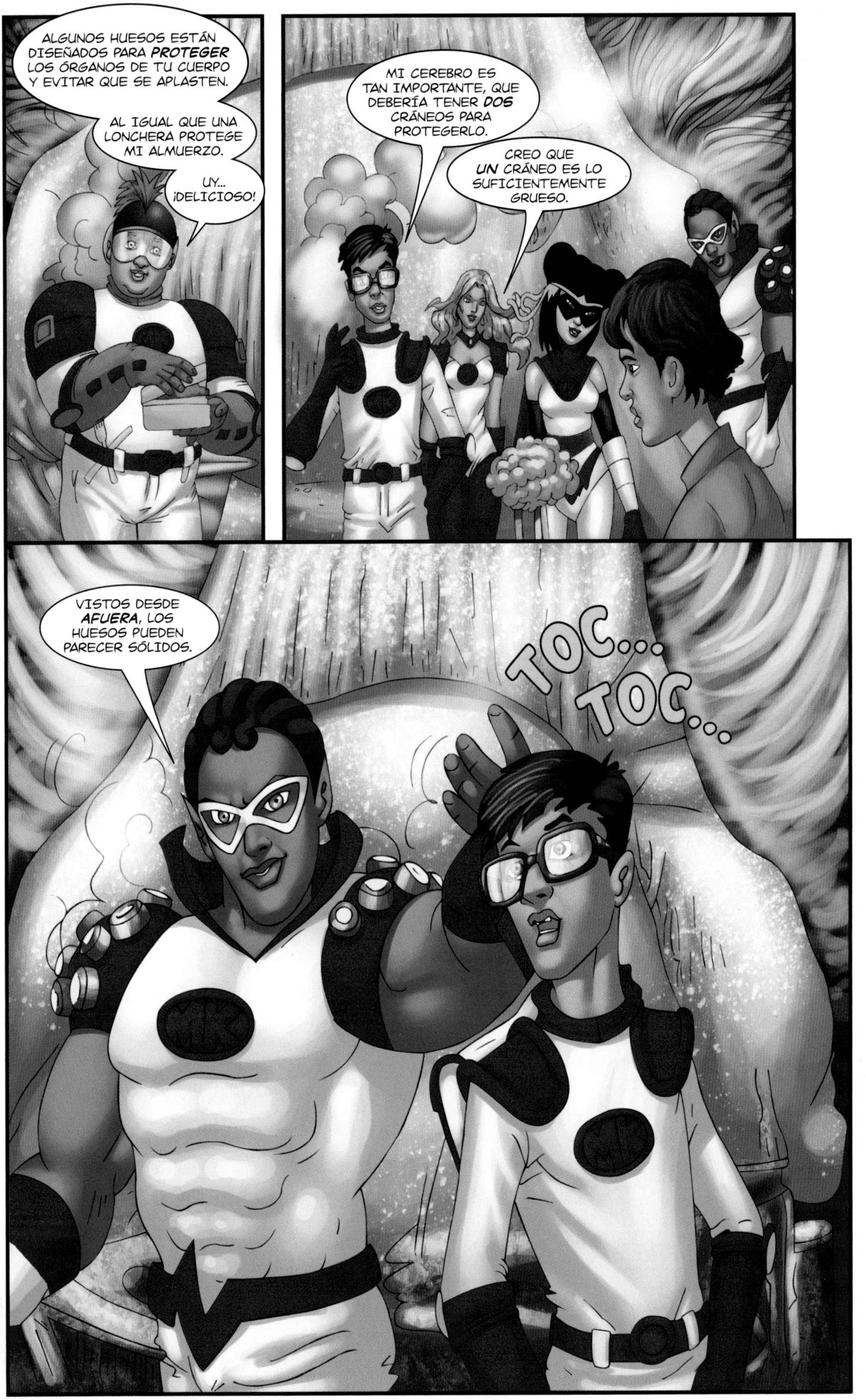
ALGUNOS HUESOS ESTÁN DISEÑADOS PARA **PROTEGER** LOS ÓRGANOS DE TU CUERPO Y EVITAR QUE SE APLASTEN.
AL IGUAL QUE UNA LONCHERA PROTEGE MI ALMUERZO.
UY... ¡DELICIOSO!
MI CEREBRO ES TAN IMPORTANTE, QUE DEBERÍA TENER **DOS** CRÁNEOS PARA PROTEGERLO.
CREO QUE **UN** CRÁNEO ES LO SUFICIENTEMENTE GRUESO.
VISTOS DESDE **AFUERA**, LOS HUESOS PUEDEN PARECER SÓLIDOS.
TOC...
TOC...

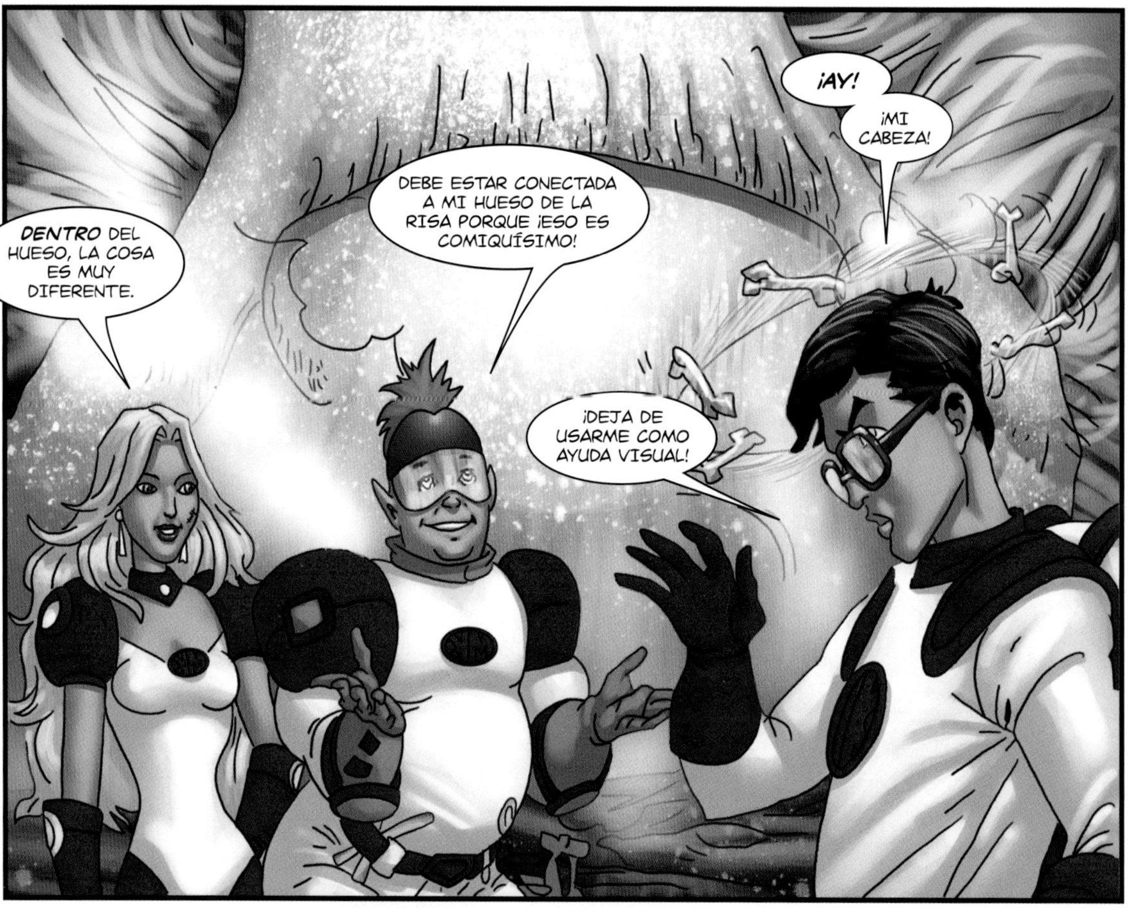
DENTRO DEL HUESO, LA COSA ES MUY DIFERENTE.
DEBE ESTAR CONECTADA A MI HUESO DE LA RISA PORQUE ¡ESO ES COMIQUÍSIMO!
¡AY!
¡MI CABEZA!
¡DEJA DE USARME COMO AYUDA VISUAL!

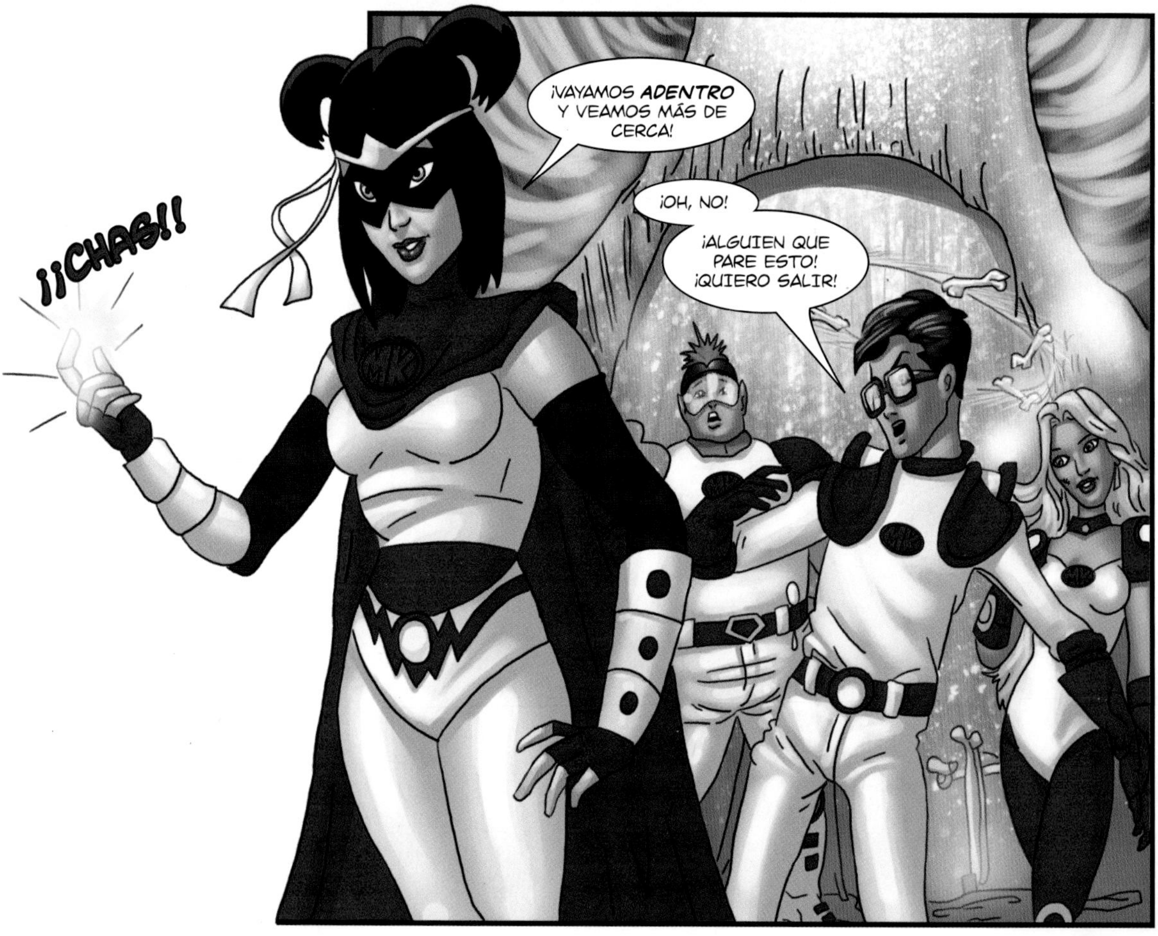
¡¡CHAS!!
¡VAYAMOS ADENTRO Y VEAMOS MÁS DE CERCA!
¡OH, NO!
¡ALGUIEN QUE PARE ESTO! ¡QUIERO SALIR!

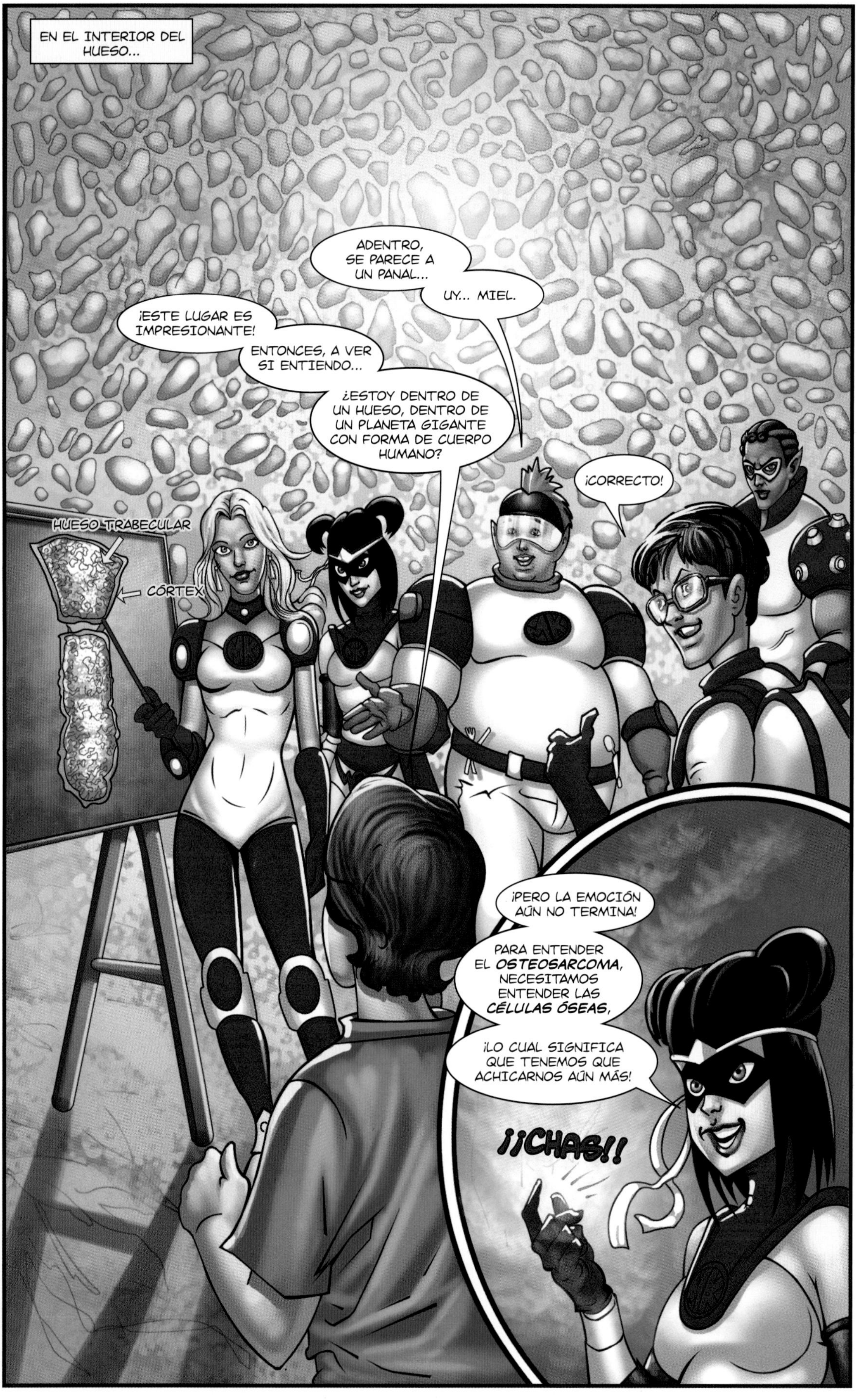
EN EL INTERIOR DEL HUESO...
¡ESTE LUGAR ES IMPRESIONANTE!
ENTONCES, A VER SI ENTIENDO...
¿ESTOY DENTRO DE UN HUESO, DENTRO DE UN PLANETA GIGANTE CON FORMA DE CUERPO HUMANO?
ADENTRO, SE PARECE A UN PANAL...
UY... MIEL.
¡CORRECTO!
HUESO TRABECULAR
CÓRTEX
¡PERO LA EMOCIÓN AÚN NO TERMINA!
PARA ENTENDER EL OSTEOSARCOMA, NECESITAMOS ENTENDER LAS CÉLULAS ÓSEAS,
¡LO CUAL SIGNIFICA QUE TENEMOS QUE ACHICARNOS AÚN MÁS!
¡¡CHAS!!

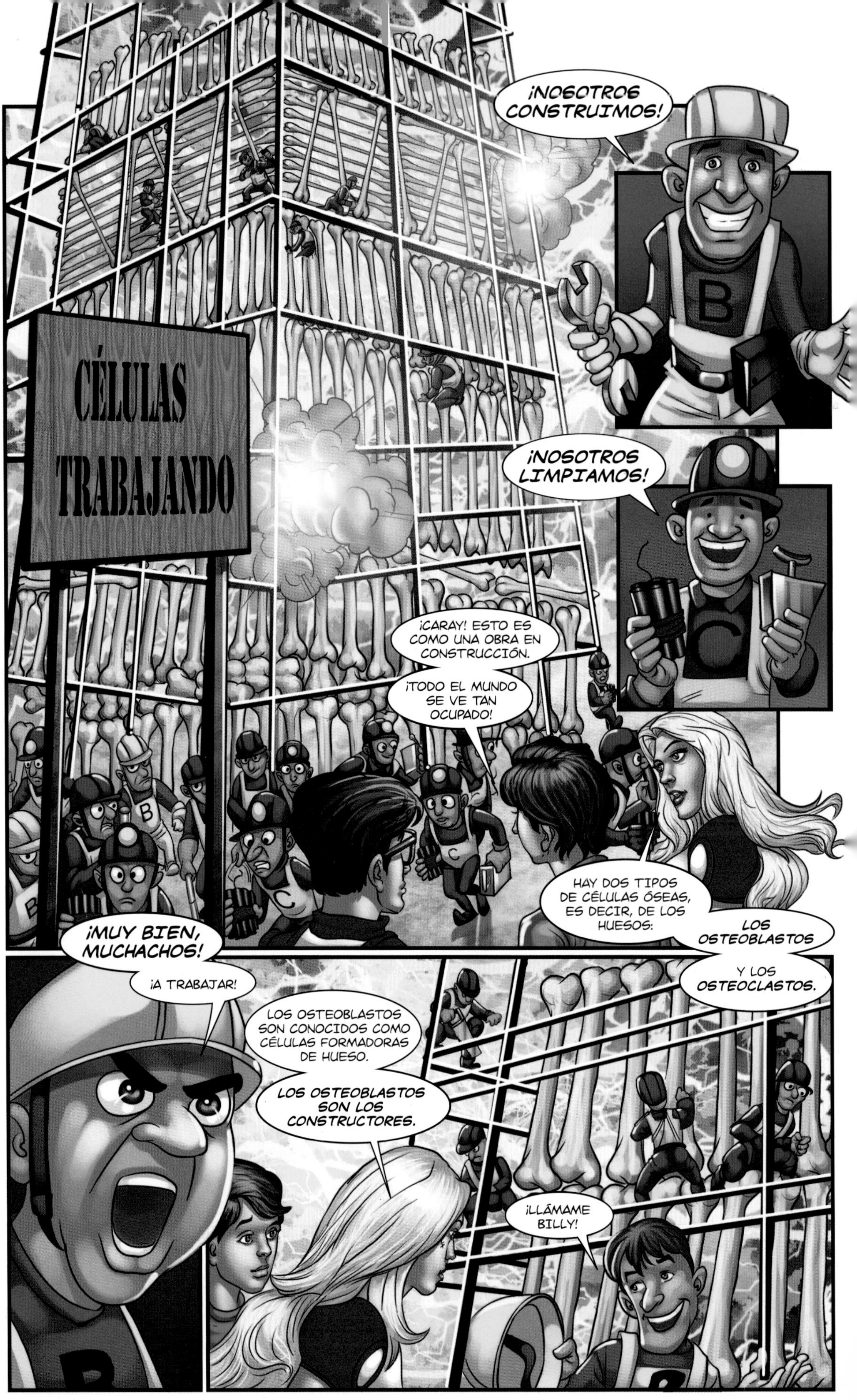
CÉLULAS TRABAJANDO
¡NOSOTROS CONSTRUIMOS!
¡NOSOTROS LIMPIAMOS!
¡CARAY! ESTO ES COMO UNA OBRA EN CONSTRUCCIÓN.
¡TODO EL MUNDO SE VE TAN OCUPADO!
HAY DOS TIPOS DE CÉLULAS ÓSEAS, ES DECIR, DE LOS HUESOS:
LOS OSTEOBLASTOS
Y LOS OSTEOCLASTOS.
¡MUY BIEN, MUCHACHOS!
¡A TRABAJAR!
LOS OSTEOBLASTOS SON CONOCIDOS COMO CÉLULAS FORMADORAS DE HUESO.
LOS OSTEOBLASTOS SON LOS CONSTRUCTORES.
¡LLÁMAME BILLY!

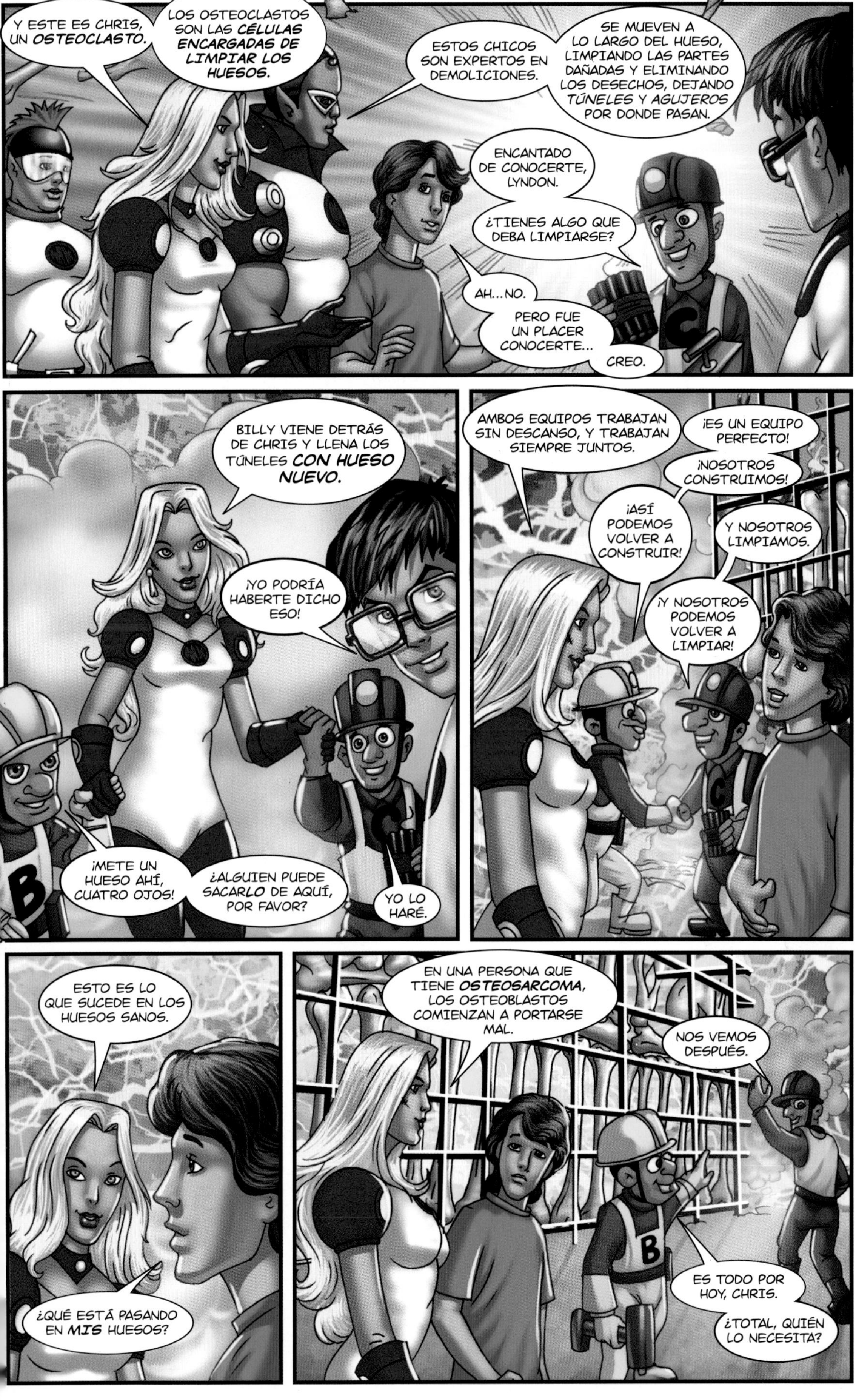
Y ESTE ES CHRIS, UN OSTEOCLASTO.
LOS OSTEOCLASTOS SON LAS CÉLULAS ENCARGADAS DE LIMPIAR LOS HUESOS.
ESTOS CHICOS SON EXPERTOS EN DEMOLICIONES.
SE MUEVEN A LO LARGO DEL HUESO, LIMPIANDO LAS PARTES DAÑADAS Y ELIMINANDO LOS DESECHOS, DEJANDO TÚNELES Y AGUJEROS POR DONDE PASAN.
ENCANTADO DE CONOCERTE, LYNDON.
¿TIENES ALGO QUE DEBA LIMPIARSE?
AH...NO.
PERO FUE UN PLACER CONOCERTE...
CREO.
BILLY VIENE DETRÁS DE CHRIS Y LLENA LOS TÚNELES CON HUESO NUEVO.
¡YO PODRÍA HABERTE DICHO ESO!
¡METE UN HUESO AHÍ, CUATRO OJOS!
¿ALGUIEN PUEDE SACARLO DE AQUÍ, POR FAVOR?
YO LO HARÉ.
AMBOS EQUIPOS TRABAJAN SIN DESCANSO, Y TRABAJAN SIEMPRE JUNTOS.
¡ES UN EQUIPO PERFECTO!
¡NOSOTROS CONSTRUIMOS!
¡ASÍ PODEMOS VOLVER A CONSTRUIR!
Y NOSOTROS LIMPIAMOS.
¡Y NOSOTROS PODEMOS VOLVER A LIMPIAR!
ESTO ES LO QUE SUCEDE EN LOS HUESOS SANOS.
¿QUÉ ESTÁ PASANDO EN MIS HUESOS?
EN UNA PERSONA QUE TIENE OSTEOSARCOMA, LOS OSTEOBLASTOS COMIENZAN A PORTARSE MAL.
NOS VEMOS DESPUÉS.
ES TODO POR HOY, CHRIS.
¿TOTAL, QUIÉN LO NECESITA?

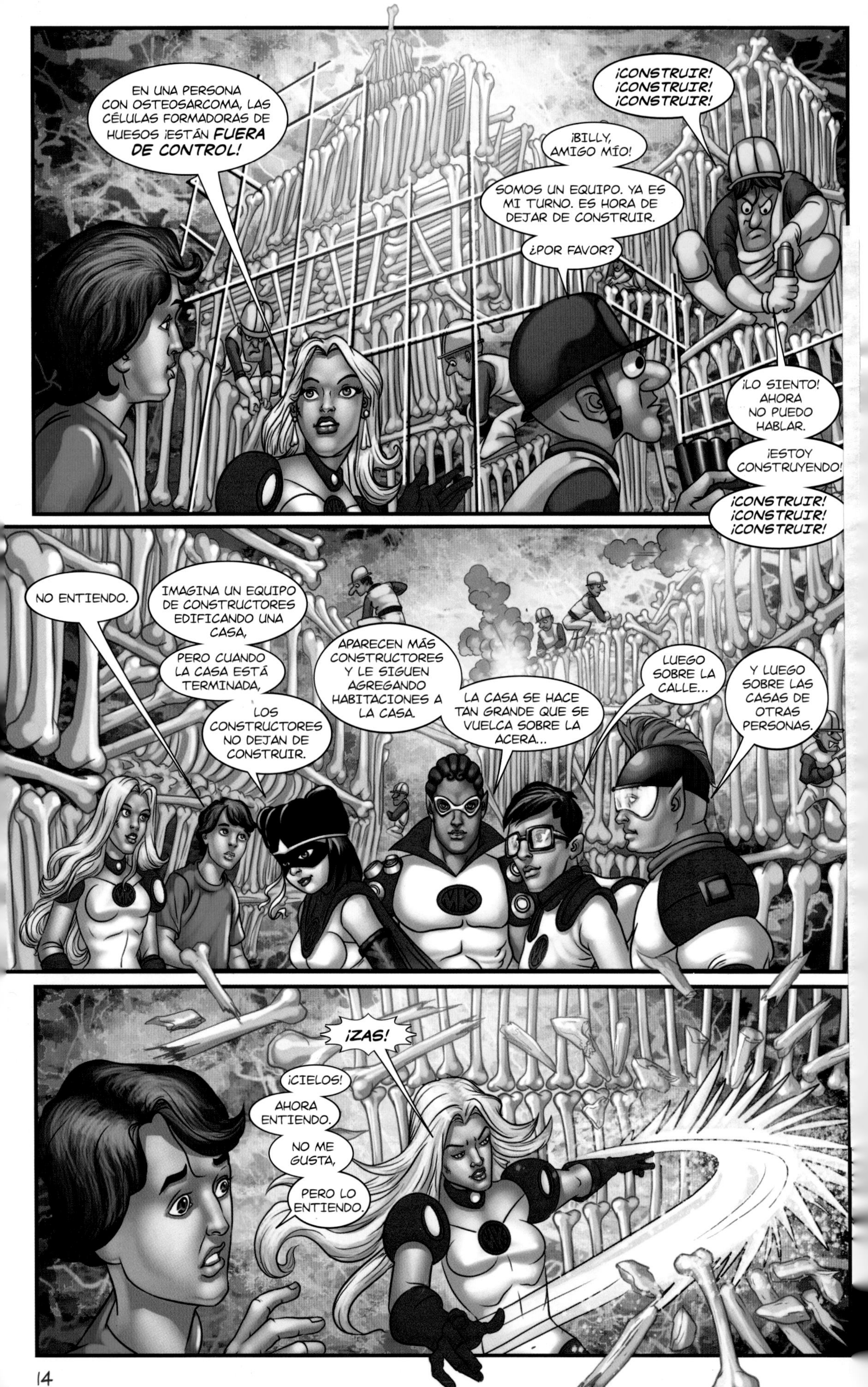
EN UNA PERSONA CON OSTEOSARCOMA, LAS CÉLULAS FORMADORAS DE HUESOS ¡ESTÁN FUERA DE CONTROL!
¡CONSTRUIR! ¡CONSTRUIR! ¡CONSTRUIR!
¡BILLY, AMIGO MÍO!
SOMOS UN EQUIPO. YA ES MI TURNO. ES HORA DE DEJAR DE CONSTRUIR.
¿POR FAVOR?
¡LO SIENTO! AHORA NO PUEDO HABLAR.
¡ESTOY CONSTRUYENDO!
¡CONSTRUIR! ¡CONSTRUIR! ¡CONSTRUIR!
NO ENTIENDO.
IMAGINA UN EQUIPO DE CONSTRUCTORES EDIFICANDO UNA CASA,
PERO CUANDO LA CASA ESTÁ TERMINADA,
LOS CONSTRUCTORES NO DEJAN DE CONSTRUIR.
APARECEN MÁS CONSTRUCTORES Y LE SIGUEN AGREGANDO HABITACIONES A LA CASA.
LA CASA SE HACE TAN GRANDE QUE SE VUELCA SOBRE LA ACERA...
LUEGO SOBRE LA CALLE...
Y LUEGO SOBRE LAS CASAS DE OTRAS PERSONAS.
¡ZAS!
¡CIELOS!
AHORA ENTIENDO.
NO ME GUSTA,
PERO LO ENTIENDO.

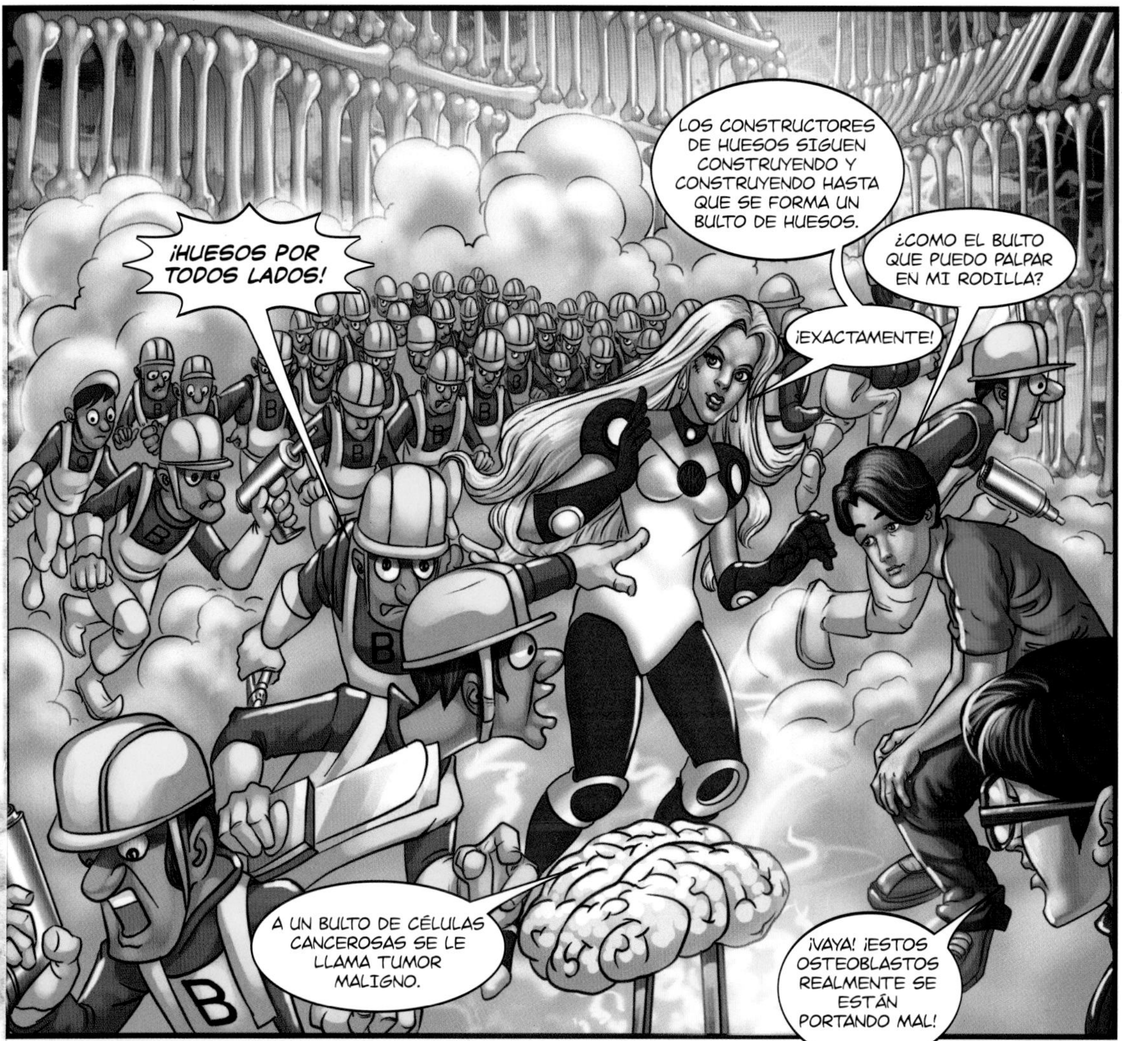
¡HUESOS POR TODOS LADOS!
LOS CONSTRUCTORES DE HUESOS SIGUEN CONSTRUYENDO Y CONSTRUYENDO HASTA QUE SE FORMA UN BULTO DE HUESOS.
¿COMO EL BULTO QUE PUEDO PALPAR EN MI RODILLA?
¡EXACTAMENTE!
A UN BULTO DE CÉLULAS CANCEROSAS SE LE LLAMA TUMOR MALIGNO.
¡VAYA! ¡ESTOS OSTEOBLASTOS REALMENTE SE ESTÁN PORTANDO MAL!

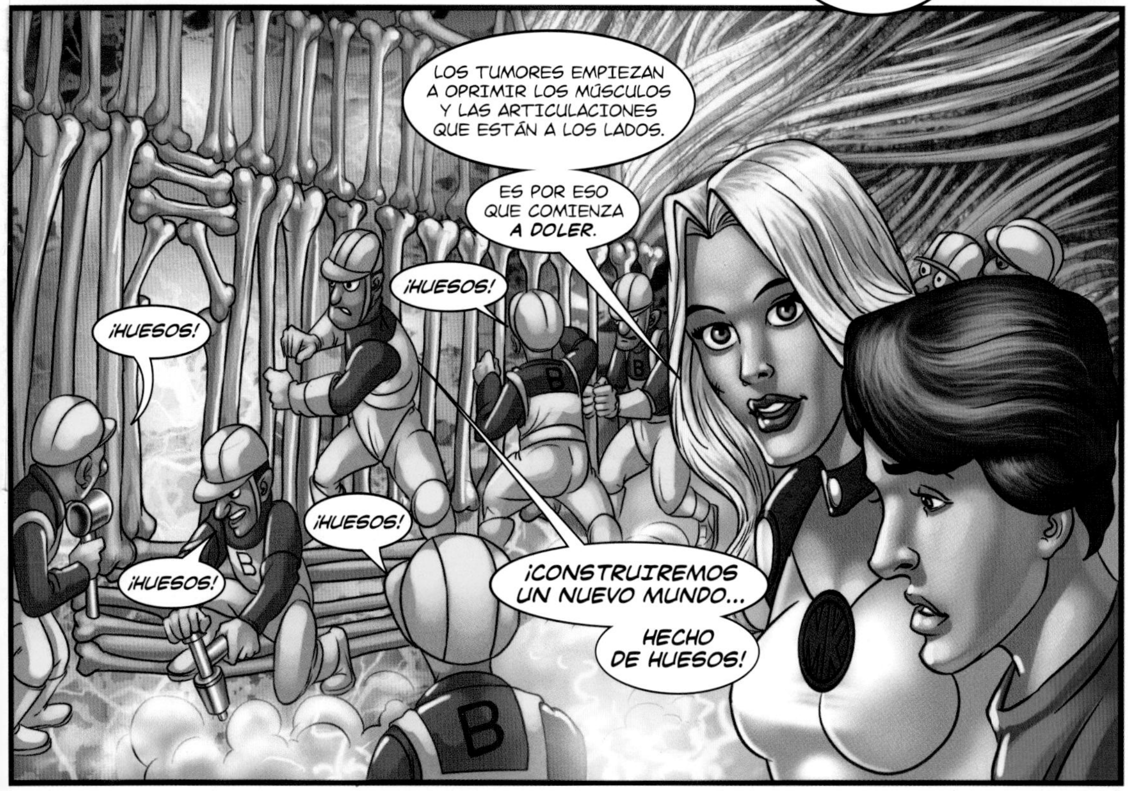
LOS TUMORES EMPIEZAN A OPRIMIR LOS MÚSCULOS Y LAS ARTICULACIONES QUE ESTÁN A LOS LADOS.
ES POR ESO QUE COMIENZA A DOLER.
¡HUESOS!
¡HUESOS!
¡HUESOS!
¡HUESOS!
¡CONSTRUIREMOS UN NUEVO MUNDO...
HECHO DE HUESOS!

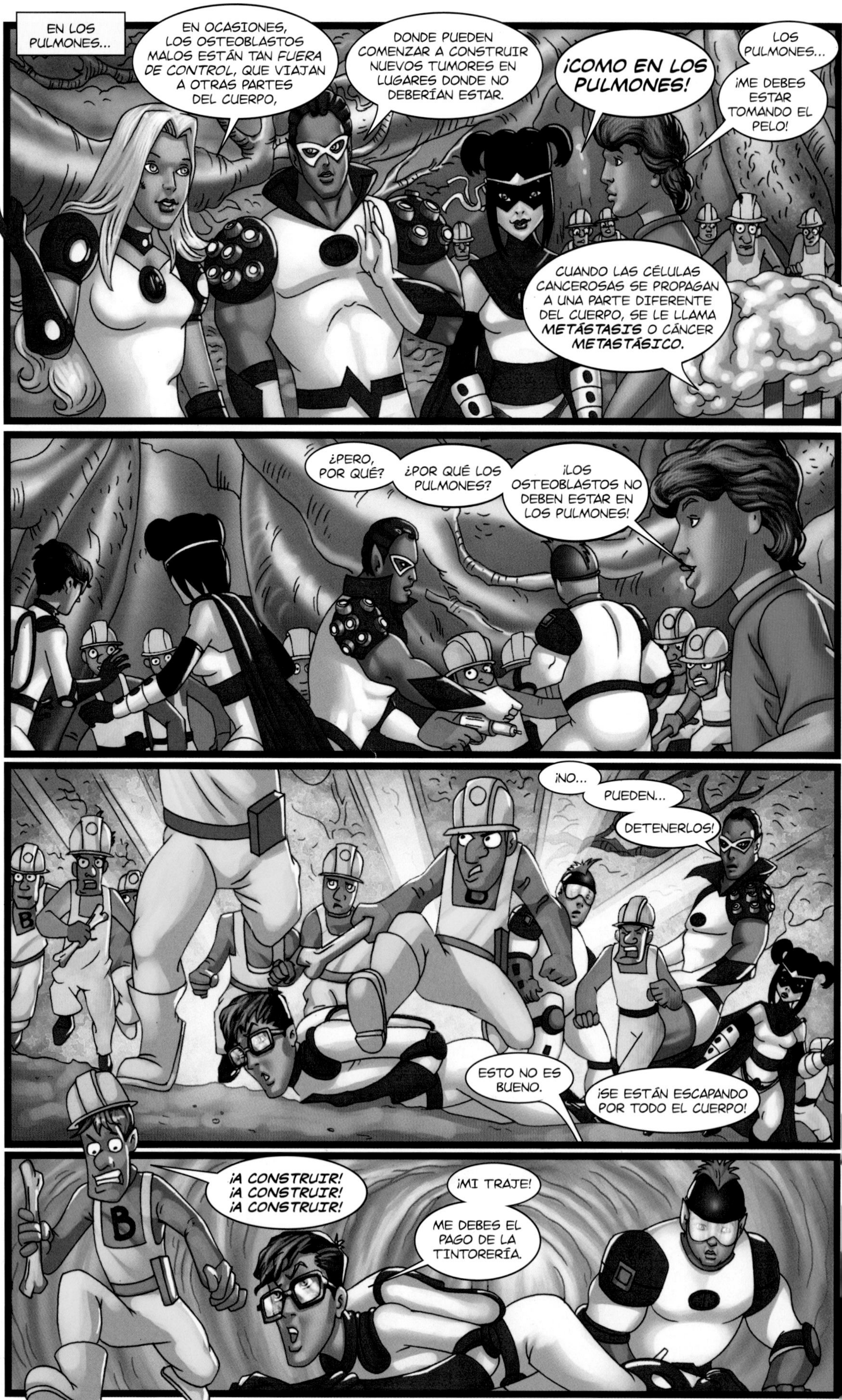
EN LOS PULMONES...
EN OCASIONES, LOS OSTEOBLASTOS MALOS ESTÁN TAN *FUERA DE CONTROL*, QUE VIAJAN A OTRAS PARTES DEL CUERPO,
DONDE PUEDEN COMENZAR A CONSTRUIR NUEVOS TUMORES EN LUGARES DONDE NO DEBERÍAN ESTAR.
¡COMO EN LOS PULMONES!
LOS PULMONES...
¡ME DEBES ESTAR TOMANDO EL PELO!
CUANDO LAS CÉLULAS CANCEROSAS SE PROPAGAN A UNA PARTE DIFERENTE DEL CUERPO, SE LE LLAMA **METÁSTASIS** O CÁNCER **METASTÁSICO**.
¿PERO, POR QUÉ?
¿POR QUÉ LOS PULMONES?
¡LOS OSTEOBLASTOS NO DEBEN ESTAR EN LOS PULMONES!
¡NO...
PUEDEN...
DETENERLOS!
ESTO NO ES BUENO.
¡SE ESTÁN ESCAPANDO POR TODO EL CUERPO!
¡A CONSTRUIR! ¡A CONSTRUIR! ¡A CONSTRUIR!
¡MI TRAJE!
ME DEBES EL PAGO DE LA TINTORERÍA.

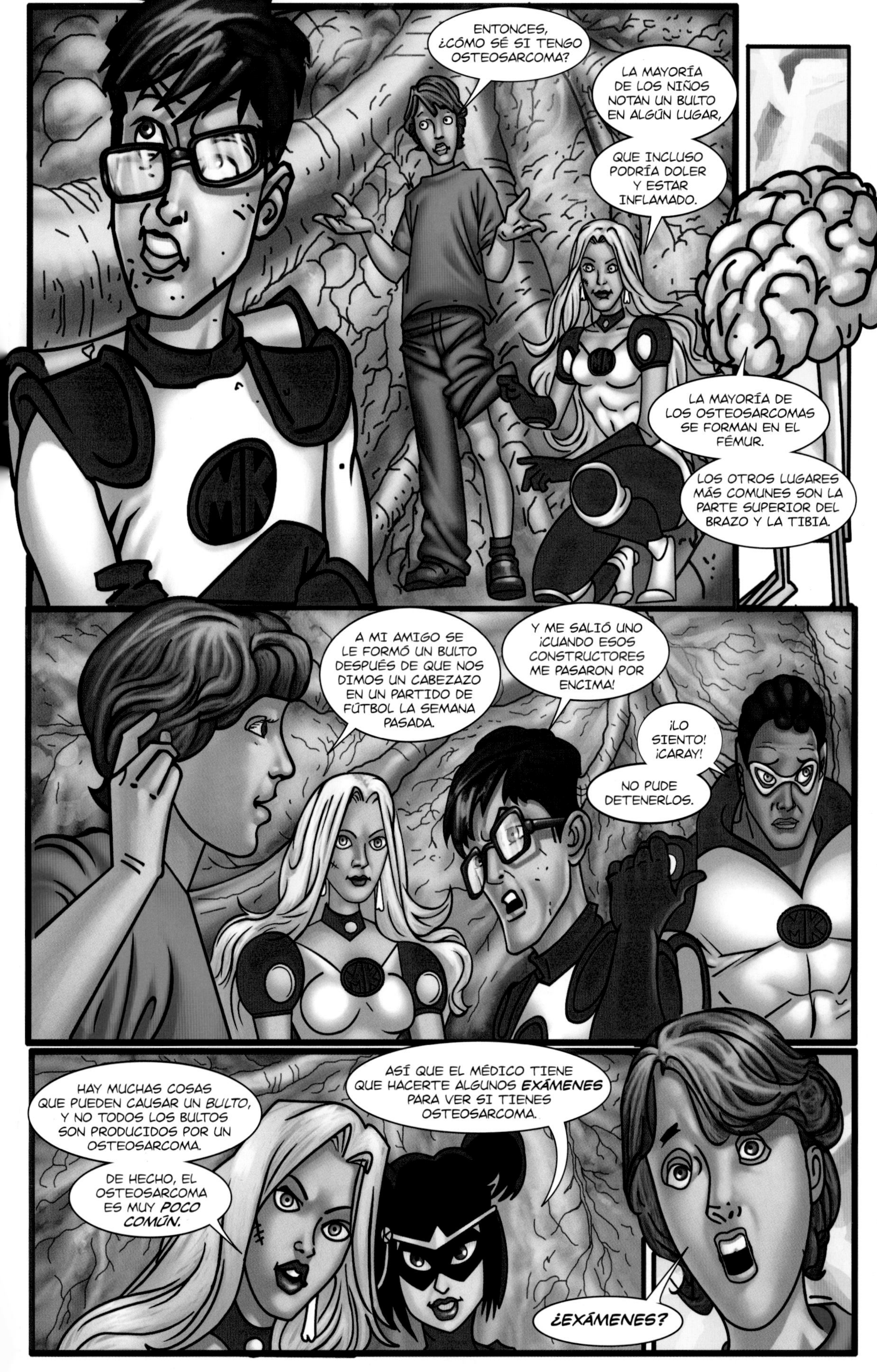
ENTONCES, ¿CÓMO SÉ SI TENGO OSTEOSARCOMA?
LA MAYORÍA DE LOS NIÑOS NOTAN UN BULTO EN ALGÚN LUGAR,
QUE INCLUSO PODRÍA DOLER Y ESTAR INFLAMADO.
LA MAYORÍA DE LOS OSTEOSARCOMAS SE FORMAN EN EL FÉMUR.
LOS OTROS LUGARES MÁS COMUNES SON LA PARTE SUPERIOR DEL BRAZO Y LA TIBIA.
A MI AMIGO SE LE FORMÓ UN BULTO DESPUÉS DE QUE NOS DIMOS UN CABEZAZO EN UN PARTIDO DE FÚTBOL LA SEMANA PASADA.
Y ME SALIÓ UNO ¡CUANDO ESOS CONSTRUCTORES ME PASARON POR ENCIMA!
¡LO SIENTO! ¡CARAY!
NO PUDE DETENERLOS.
HAY MUCHAS COSAS QUE PUEDEN CAUSAR UN *BULTO*, Y NO TODOS LOS BULTOS SON PRODUCIDOS POR UN OSTEOSARCOMA.
DE HECHO, EL OSTEOSARCOMA ES MUY ***POCO COMÚN.***
ASÍ QUE EL MÉDICO TIENE QUE HACERTE ALGUNOS ***EXÁMENES*** PARA VER SI TIENES OSTEOSARCOMA.
¿EXÁMENES?

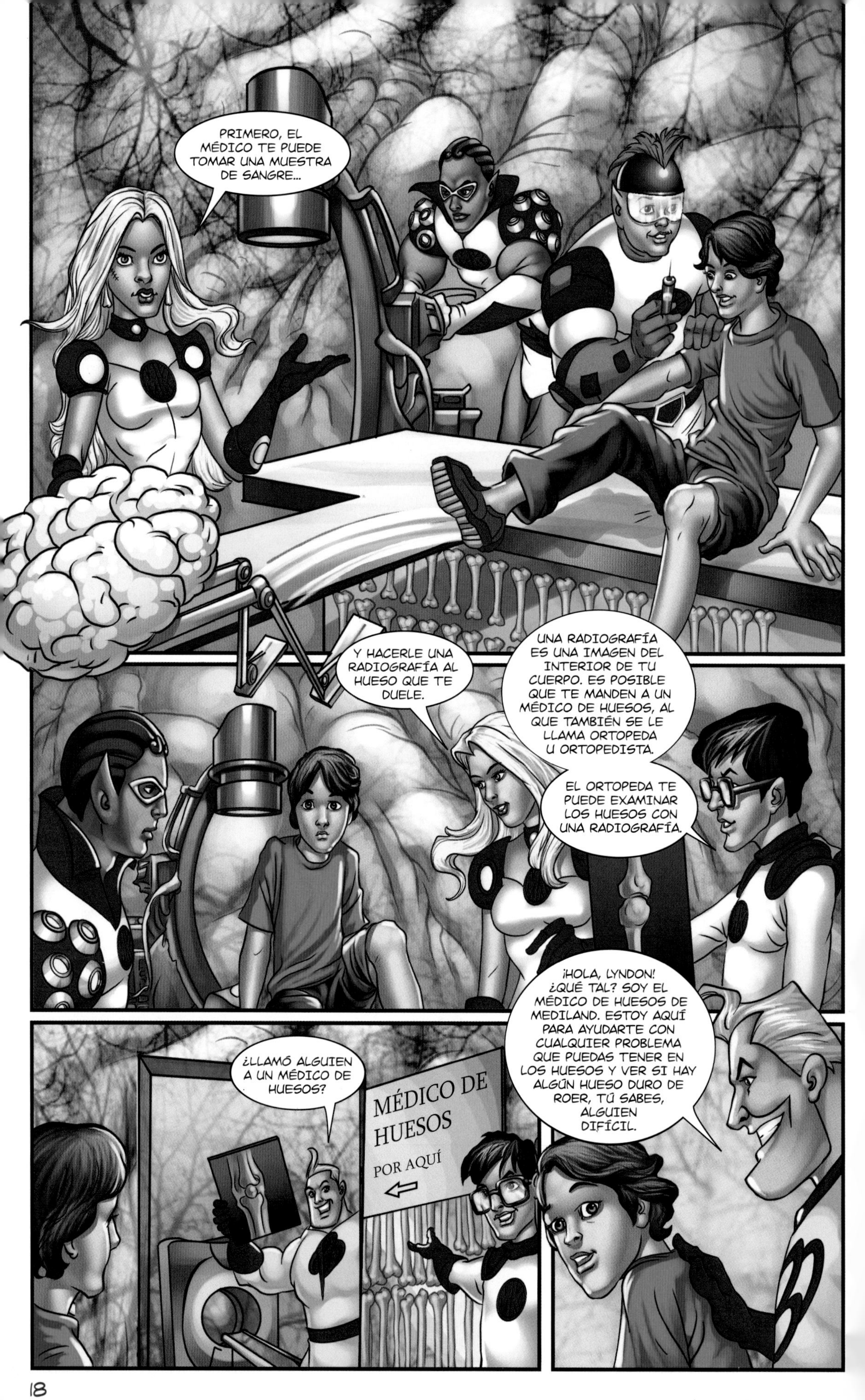
PRIMERO, EL MÉDICO TE PUEDE TOMAR UNA MUESTRA DE SANGRE...
Y HACERLE UNA RADIOGRAFÍA AL HUESO QUE TE DUELE.
UNA RADIOGRAFÍA ES UNA IMAGEN DEL INTERIOR DE TU CUERPO. ES POSIBLE QUE TE MANDEN A UN MÉDICO DE HUESOS, AL QUE TAMBIÉN SE LE LLAMA ORTOPEDA U ORTOPEDISTA.
EL ORTOPEDA TE PUEDE EXAMINAR LOS HUESOS CON UNA RADIOGRAFÍA.
¿LLAMÓ ALGUIEN A UN MÉDICO DE HUESOS?
MÉDICO DE HUESOS
POR AQUÍ
¡HOLA, LYNDON! ¿QUÉ TAL? SOY EL MÉDICO DE HUESOS DE MEDILAND. ESTOY AQUÍ PARA AYUDARTE CON CUALQUIER PROBLEMA QUE PUEDAS TENER EN LOS HUESOS Y VER SI HAY ALGÚN HUESO DURO DE ROER, TÚ SABES, ALGUIEN DIFÍCIL.

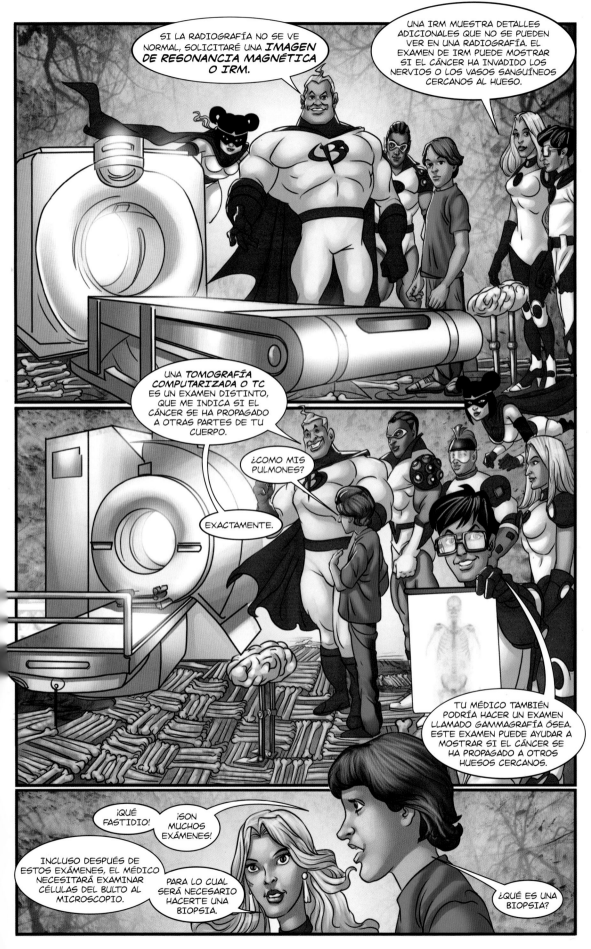

SI LA RADIOGRAFÍA NO SE VE NORMAL, SOLICITARÉ UNA *IMAGEN DE RESONANCIA MAGNÉTICA O IRM.*

UNA IRM MUESTRA DETALLES ADICIONALES QUE NO SE PUEDEN VER EN UNA RADIOGRAFÍA. EL EXAMEN DE IRM PUEDE MOSTRAR SI EL CÁNCER HA INVADIDO LOS NERVIOS O LOS VASOS SANGUÍNEOS CERCANOS AL HUESO.

UNA *TOMOGRAFÍA COMPUTARIZADA O TC* ES UN EXAMEN DISTINTO, QUE ME INDICA SI EL CÁNCER SE HA PROPAGADO A OTRAS PARTES DE TU CUERPO.

¿COMO MIS PULMONES?

EXACTAMENTE.

TU MÉDICO TAMBIÉN PODRÍA HACER UN EXAMEN LLAMADO GAMMAGRAFÍA ÓSEA. ESTE EXAMEN PUEDE AYUDAR A MOSTRAR SI EL CÁNCER SE HA PROPAGADO A OTROS HUESOS CERCANOS.

¡QUÉ FASTIDIO!

¡SON MUCHOS EXÁMENES!

INCLUSO DESPUÉS DE ESTOS EXÁMENES, EL MÉDICO NECESITARÁ EXAMINAR CÉLULAS DEL BULTO AL MICROSCOPIO.

PARA LO CUAL SERÁ NECESARIO HACERTE UNA BIOPSIA.

¿QUÉ ES UNA BIOPSIA?

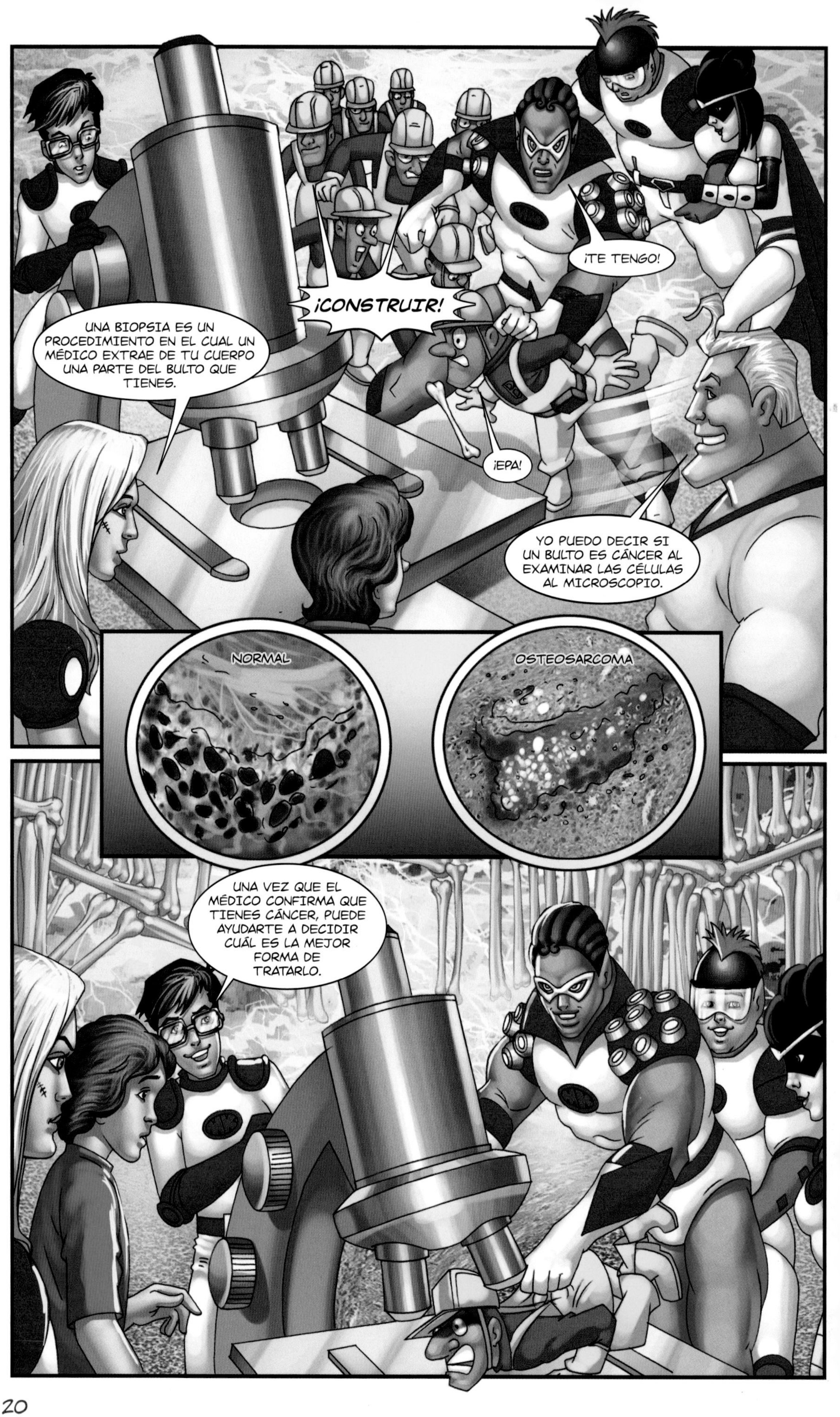
¡CONSTRUIR!
¡TE TENGO!
UNA BIOPSIA ES UN PROCEDIMIENTO EN EL CUAL UN MÉDICO EXTRAE DE TU CUERPO UNA PARTE DEL BULTO QUE TIENES.
¡EPA!
YO PUEDO DECIR SI UN BULTO ES CÁNCER AL EXAMINAR LAS CÉLULAS AL MICROSCOPIO.
NORMAL
OSTEOSARCOMA
UNA VEZ QUE EL MÉDICO CONFIRMA QUE TIENES CÁNCER, PUEDE AYUDARTE A DECIDIR CUÁL ES LA MEJOR FORMA DE TRATARLO.

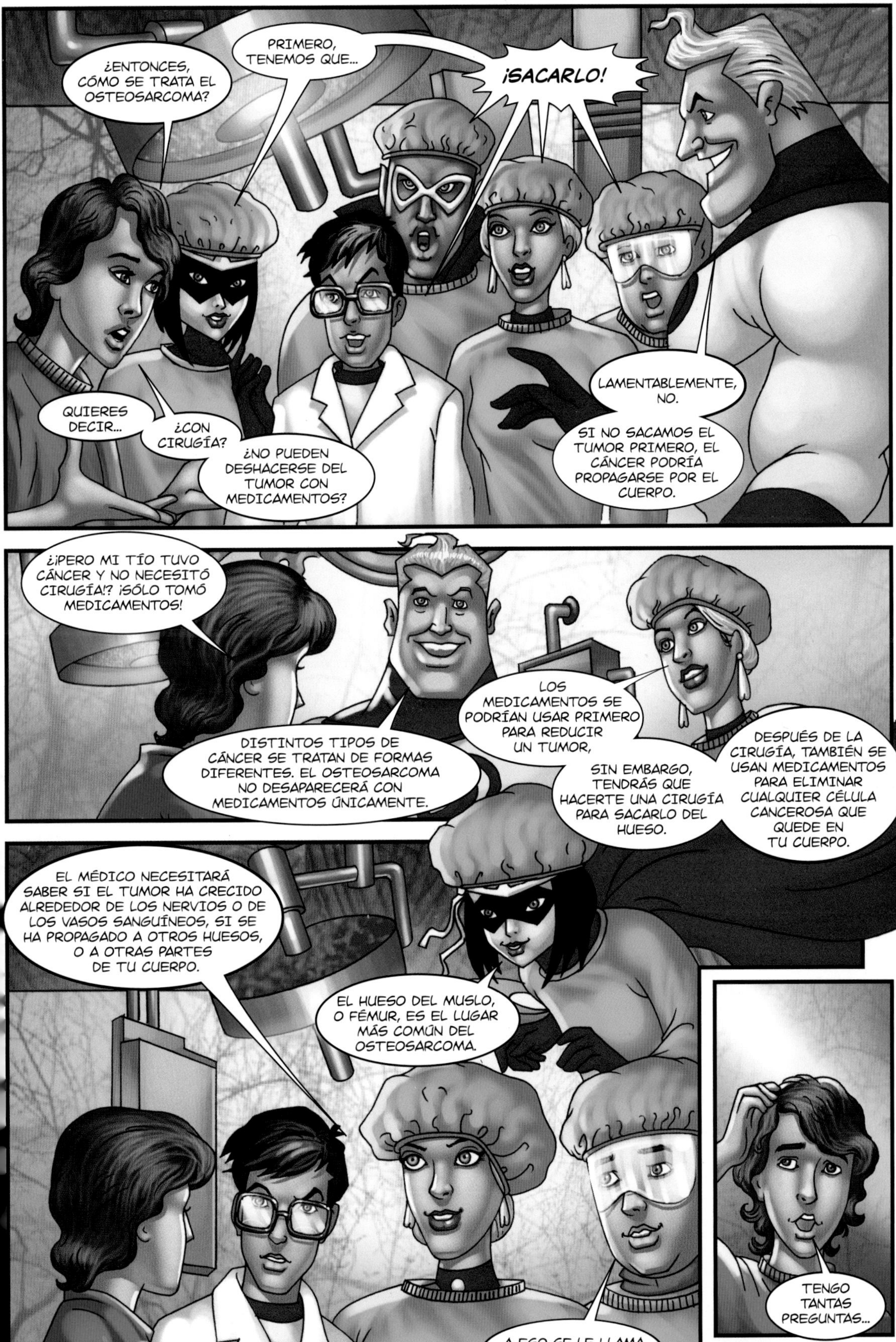
¿ENTONCES, CÓMO SE TRATA EL OSTEOSARCOMA?
PRIMERO, TENEMOS QUE...
¡SACARLO!
QUIERES DECIR...
¿CON CIRUGÍA?
¿NO PUEDEN DESHACERSE DEL TUMOR CON MEDICAMENTOS?
LAMENTABLEMENTE, NO.
SI NO SACAMOS EL TUMOR PRIMERO, EL CÁNCER PODRÍA PROPAGARSE POR EL CUERPO.
¿¡PERO MI TÍO TUVO CÁNCER Y NO NECESITÓ CIRUGÍA!? ¡SÓLO TOMÓ MEDICAMENTOS!
DISTINTOS TIPOS DE CÁNCER SE TRATAN DE FORMAS DIFERENTES. EL OSTEOSARCOMA NO DESAPARECERÁ CON MEDICAMENTOS ÚNICAMENTE.
LOS MEDICAMENTOS SE PODRÍAN USAR PRIMERO PARA REDUCIR UN TUMOR,
SIN EMBARGO, TENDRÁS QUE HACERTE UNA CIRUGÍA PARA SACARLO DEL HUESO.
DESPUÉS DE LA CIRUGÍA, TAMBIÉN SE USAN MEDICAMENTOS PARA ELIMINAR CUALQUIER CÉLULA CANCEROSA QUE QUEDE EN TU CUERPO.
EL MÉDICO NECESITARÁ SABER SI EL TUMOR HA CRECIDO ALREDEDOR DE LOS NERVIOS O DE LOS VASOS SANGUÍNEOS, SI SE HA PROPAGADO A OTROS HUESOS, O A OTRAS PARTES DE TU CUERPO.
EL HUESO DEL MUSLO, O FÉMUR, ES EL LUGAR MÁS COMÚN DEL OSTEOSARCOMA.
A ESO SE LE LLAMA **METÁSTASIS...**
¿RECUERDAS?
TENGO TANTAS PREGUNTAS...

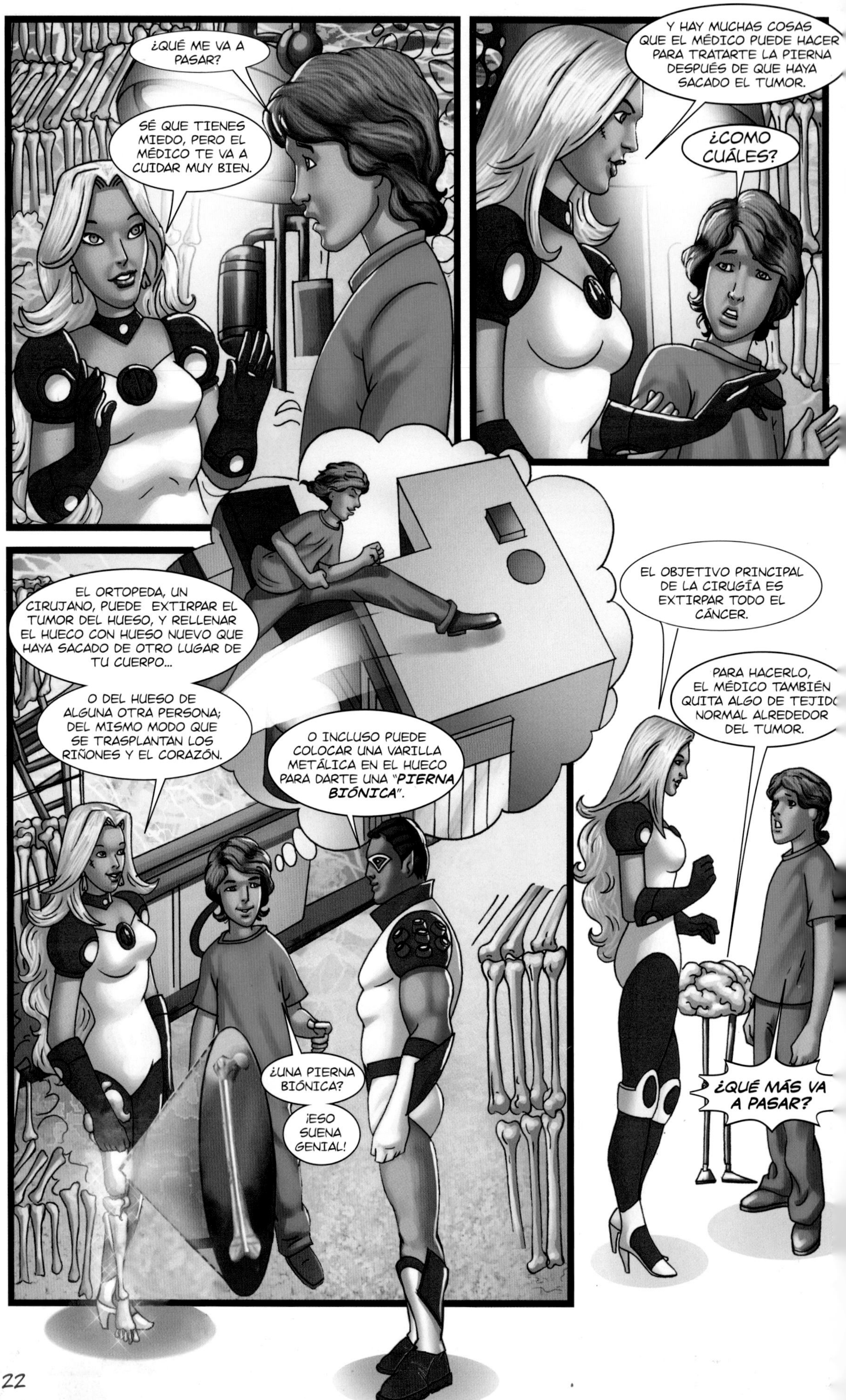

¿QUÉ ME VA A PASAR?
SÉ QUE TIENES MIEDO, PERO EL MÉDICO TE VA A CUIDAR MUY BIEN.
Y HAY MUCHAS COSAS QUE EL MÉDICO PUEDE HACER PARA TRATARTE LA PIERNA DESPUÉS DE QUE HAYA SACADO EL TUMOR.
¿COMO CUÁLES?
EL ORTOPEDA, UN CIRUJANO, PUEDE EXTIRPAR EL TUMOR DEL HUESO, Y RELLENAR EL HUECO CON HUESO NUEVO QUE HAYA SACADO DE OTRO LUGAR DE TU CUERPO...
O DEL HUESO DE ALGUNA OTRA PERSONA; DEL MISMO MODO QUE SE TRASPLANTAN LOS RIÑONES Y EL CORAZÓN.
O INCLUSO PUEDE COLOCAR UNA VARILLA METÁLICA EN EL HUECO PARA DARTE UNA "PIERNA BIÓNICA".
¿UNA PIERNA BIÓNICA?
¡ESO SUENA GENIAL!
EL OBJETIVO PRINCIPAL DE LA CIRUGÍA ES EXTIRPAR TODO EL CÁNCER.
PARA HACERLO, EL MÉDICO TAMBIÉN QUITA ALGO DE TEJIDO NORMAL ALREDEDOR DEL TUMOR.
¿QUÉ MÁS VA A PASAR?

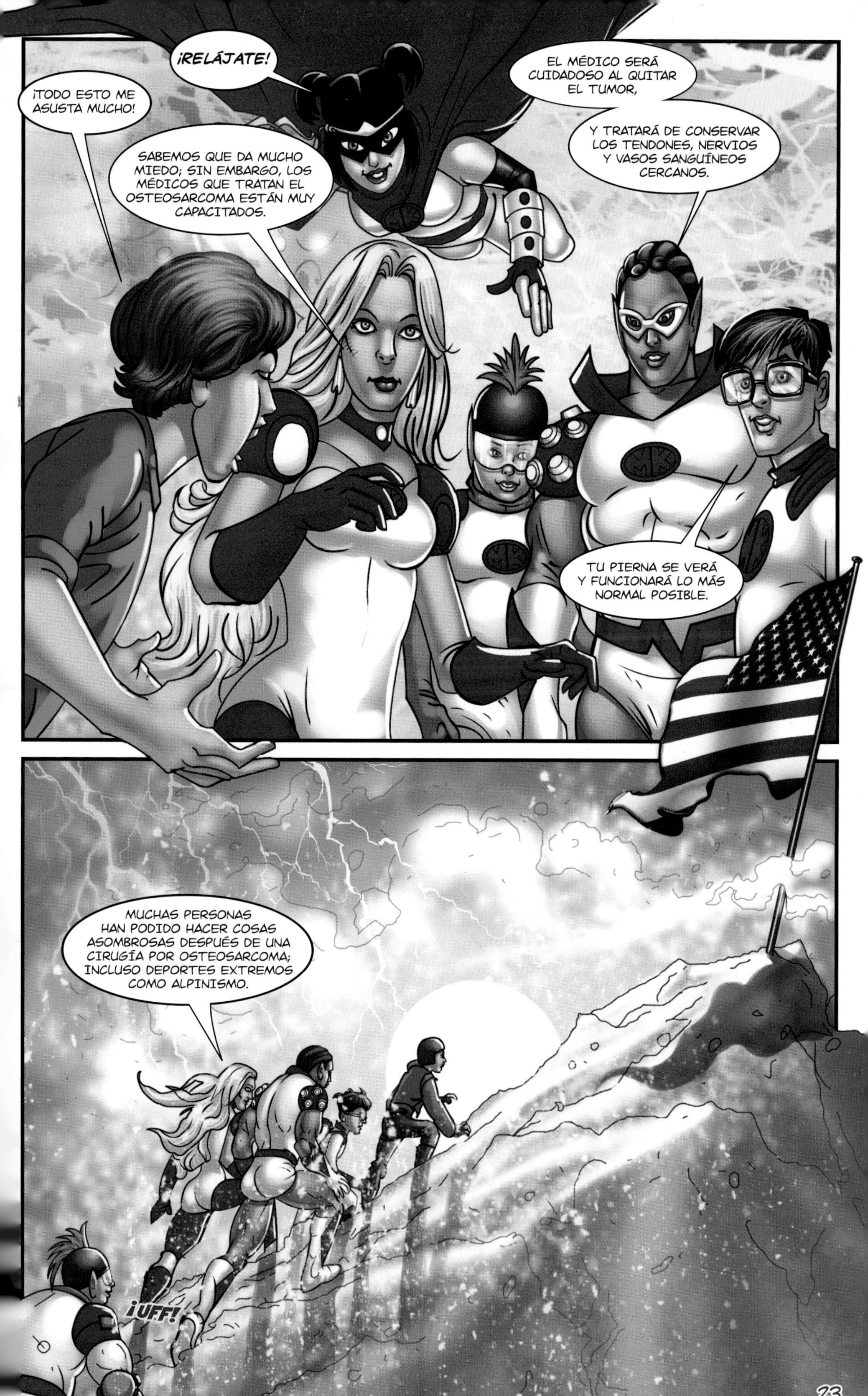
¡TODO ESTO ME ASUSTA MUCHO!
¡RELÁJATE!
SABEMOS QUE DA MUCHO MIEDO; SIN EMBARGO, LOS MÉDICOS QUE TRATAN EL OSTEOSARCOMA ESTÁN MUY CAPACITADOS.
EL MÉDICO SERÁ CUIDADOSO AL QUITAR EL TUMOR,
Y TRATARÁ DE CONSERVAR LOS TENDONES, NERVIOS Y VASOS SANGUÍNEOS CERCANOS.
TU PIERNA SE VERÁ Y FUNCIONARÁ LO MÁS NORMAL POSIBLE.
MUCHAS PERSONAS HAN PODIDO HACER COSAS ASOMBROSAS DESPUÉS DE UNA CIRUGÍA POR OSTEOSARCOMA; INCLUSO DEPORTES EXTREMOS COMO ALPINISMO.
¡UFF!

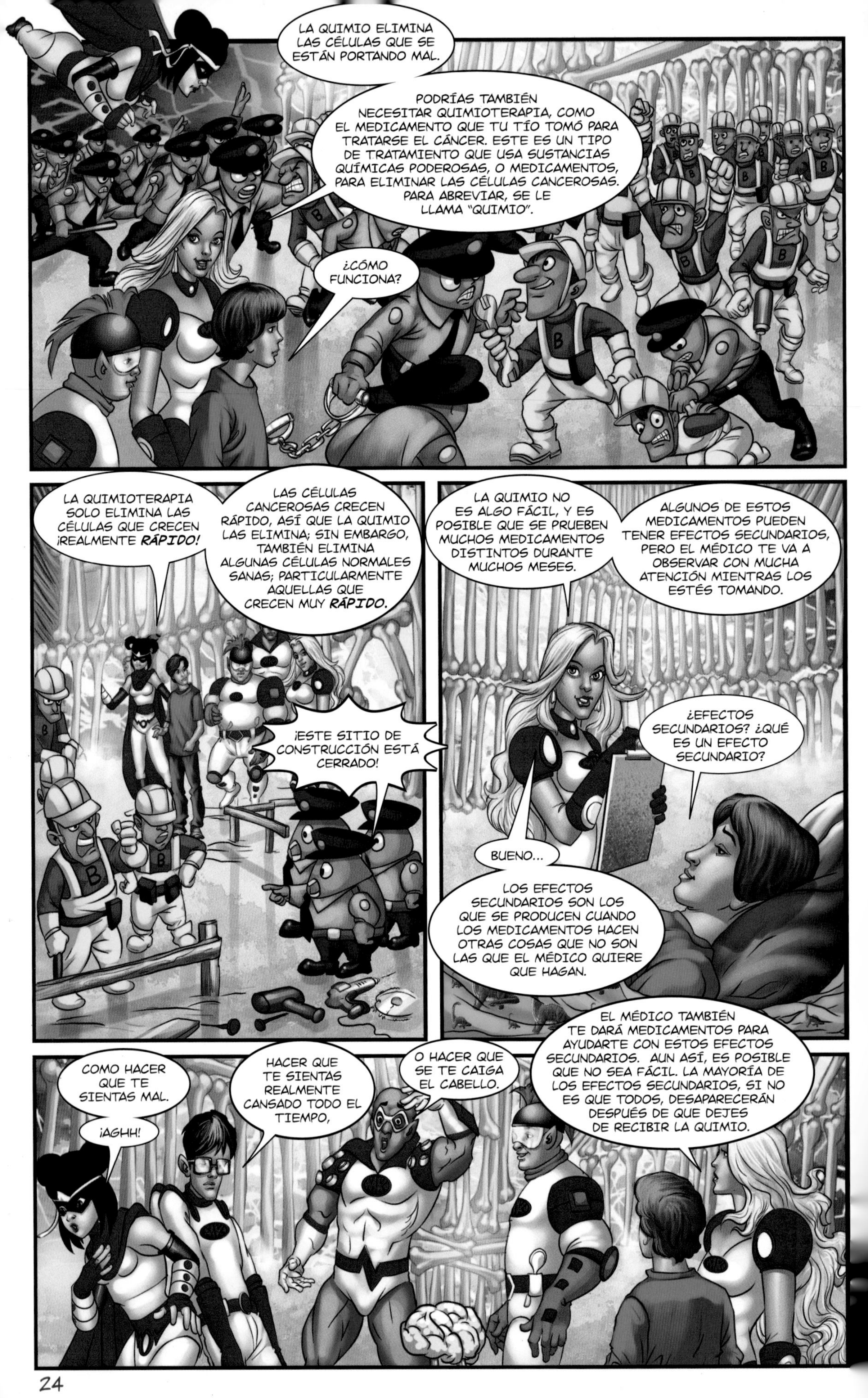
LA QUIMIO ELIMINA LAS CÉLULAS QUE SE ESTÁN PORTANDO MAL.
PODRÍAS TAMBIÉN NECESITAR QUIMIOTERAPIA, COMO EL MEDICAMENTO QUE TU TÍO TOMÓ PARA TRATARSE EL CÁNCER. ESTE ES UN TIPO DE TRATAMIENTO QUE USA SUSTANCIAS QUÍMICAS PODEROSAS, O MEDICAMENTOS, PARA ELIMINAR LAS CÉLULAS CANCEROSAS. PARA ABREVIAR, SE LE LLAMA "QUIMIO".
¿CÓMO FUNCIONA?
LA QUIMIOTERAPIA SOLO ELIMINA LAS CÉLULAS QUE CRECEN ¡REALMENTE *RÁPIDO!*
LAS CÉLULAS CANCEROSAS CRECEN RÁPIDO, ASÍ QUE LA QUIMIO LAS ELIMINA; SIN EMBARGO, TAMBIÉN ELIMINA ALGUNAS CÉLULAS NORMALES SANAS; PARTICULARMENTE AQUELLAS QUE CRECEN MUY *RÁPIDO.*
¡ESTE SITIO DE CONSTRUCCIÓN ESTÁ CERRADO!
LA QUIMIO NO ES ALGO FÁCIL, Y ES POSIBLE QUE SE PRUEBEN MUCHOS MEDICAMENTOS DISTINTOS DURANTE MUCHOS MESES.
ALGUNOS DE ESTOS MEDICAMENTOS PUEDEN TENER EFECTOS SECUNDARIOS, PERO EL MÉDICO TE VA A OBSERVAR CON MUCHA ATENCIÓN MIENTRAS LOS ESTÉS TOMANDO.
¿EFECTOS SECUNDARIOS? ¿QUÉ ES UN EFECTO SECUNDARIO?
BUENO...
LOS EFECTOS SECUNDARIOS SON LOS QUE SE PRODUCEN CUANDO LOS MEDICAMENTOS HACEN OTRAS COSAS QUE NO SON LAS QUE EL MÉDICO QUIERE QUE HAGAN.
COMO HACER QUE TE SIENTAS MAL.
¡AGHH!
HACER QUE TE SIENTAS REALMENTE CANSADO TODO EL TIEMPO,
O HACER QUE SE TE CAIGA EL CABELLO.
EL MÉDICO TAMBIÉN TE DARÁ MEDICAMENTOS PARA AYUDARTE CON ESTOS EFECTOS SECUNDARIOS. AUN ASÍ, ES POSIBLE QUE NO SEA FÁCIL. LA MAYORÍA DE LOS EFECTOS SECUNDARIOS, SI NO ES QUE TODOS, DESAPARECERÁN DESPUÉS DE QUE DEJES DE RECIBIR LA QUIMIO.

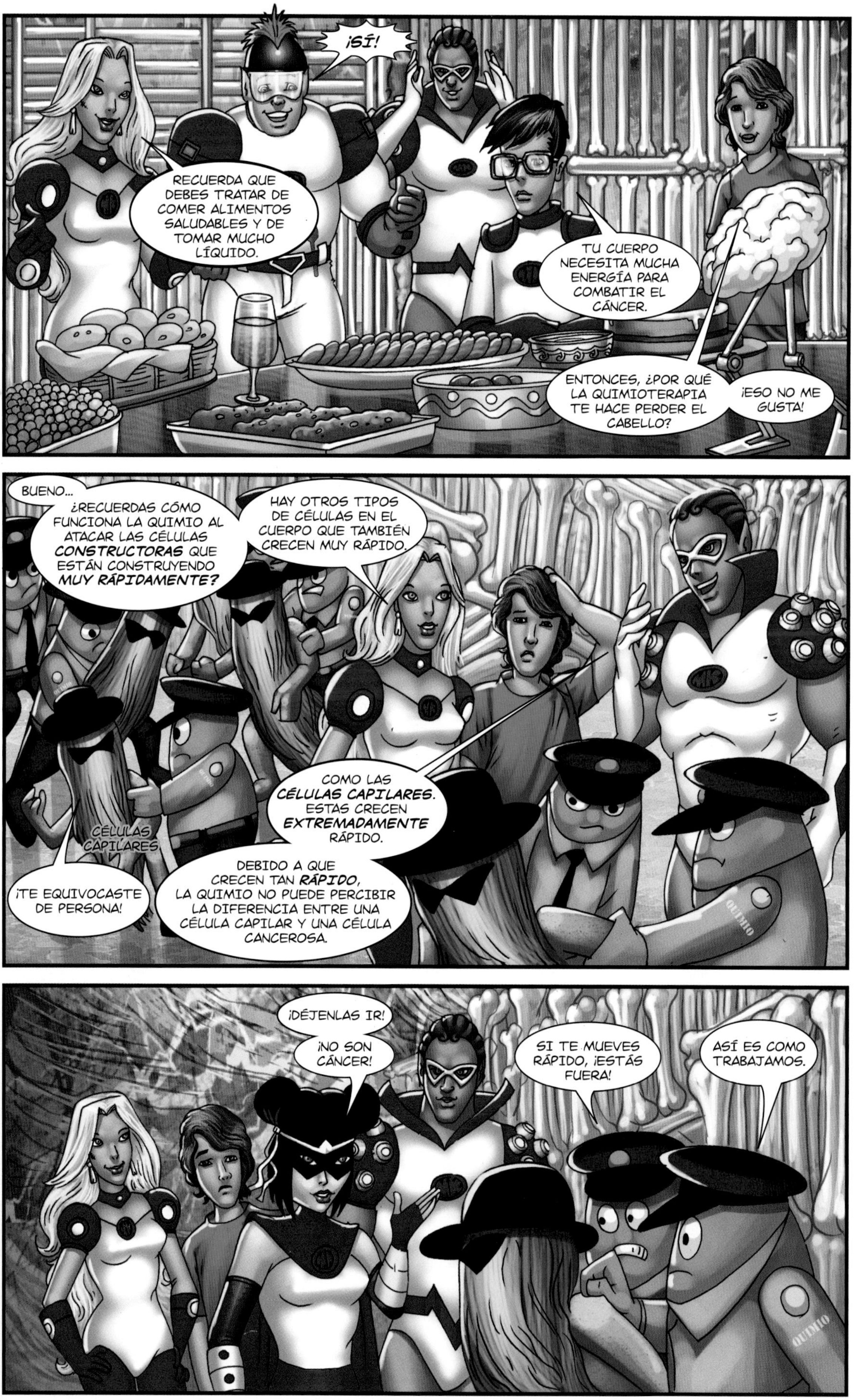
¡SÍ!
RECUERDA QUE DEBES TRATAR DE COMER ALIMENTOS SALUDABLES Y DE TOMAR MUCHO LÍQUIDO.
TU CUERPO NECESITA MUCHA ENERGÍA PARA COMBATIR EL CÁNCER.
ENTONCES, ¿POR QUÉ LA QUIMIOTERAPIA TE HACE PERDER EL CABELLO?
¡ESO NO ME GUSTA!
BUENO...
¿RECUERDAS CÓMO FUNCIONA LA QUIMIO AL ATACAR LAS CÉLULAS CONSTRUCTORAS QUE ESTÁN CONSTRUYENDO MUY RÁPIDAMENTE?
HAY OTROS TIPOS DE CÉLULAS EN EL CUERPO QUE TAMBIÉN CRECEN MUY RÁPIDO.
COMO LAS CÉLULAS CAPILARES. ESTAS CRECEN EXTREMADAMENTE RÁPIDO.
CÉLULAS CAPILARES
DEBIDO A QUE CRECEN TAN RÁPIDO, LA QUIMIO NO PUEDE PERCIBIR LA DIFERENCIA ENTRE UNA CÉLULA CAPILAR Y UNA CÉLULA CANCEROSA.
¡TE EQUIVOCASTE DE PERSONA!
QUIMIO
¡DÉJENLAS IR!
¡NO SON CÁNCER!
SI TE MUEVES RÁPIDO, ¡ESTÁS FUERA!
ASÍ ES COMO TRABAJAMOS.
QUIMIO

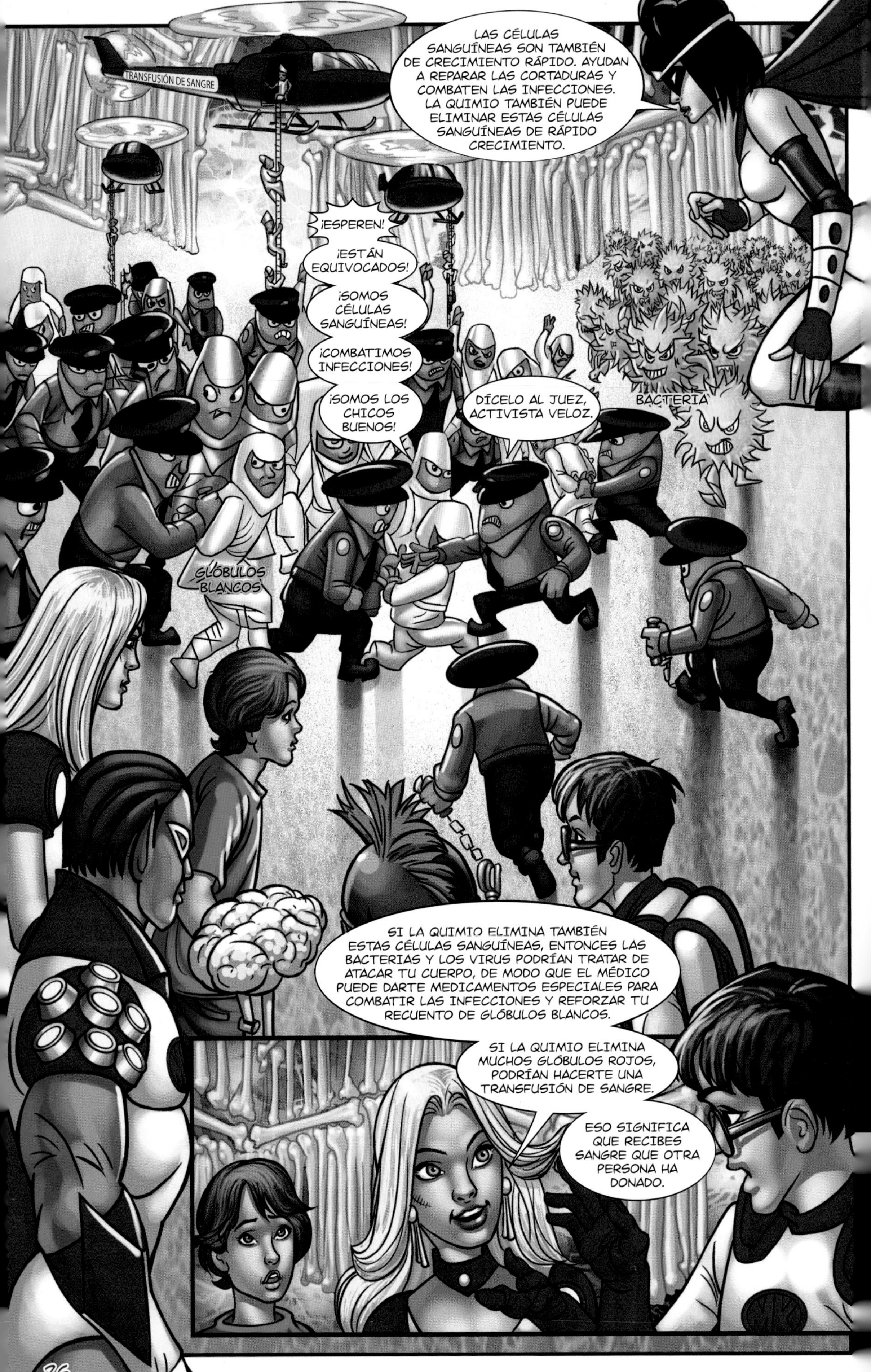
TRANSFUSIÓN DE SANGRE
LAS CÉLULAS SANGUÍNEAS SON TAMBIÉN DE CRECIMIENTO RÁPIDO. AYUDAN A REPARAR LAS CORTADURAS Y COMBATEN LAS INFECCIONES. LA QUIMIO TAMBIÉN PUEDE ELIMINAR ESTAS CÉLULAS SANGUÍNEAS DE RÁPIDO CRECIMIENTO.
¡ESPEREN!
¡ESTÁN EQUIVOCADOS!
¡SOMOS CÉLULAS SANGUÍNEAS!
¡COMBATIMOS INFECCIONES!
¡SOMOS LOS CHICOS BUENOS!
DÍCELO AL JUEZ, ACTIVISTA VELOZ.
BACTERIA
GLÓBULOS BLANCOS
SI LA QUIMIO ELIMINA TAMBIÉN ESTAS CÉLULAS SANGUÍNEAS, ENTONCES LAS BACTERIAS Y LOS VIRUS PODRÍAN TRATAR DE ATACAR TU CUERPO, DE MODO QUE EL MÉDICO PUEDE DARTE MEDICAMENTOS ESPECIALES PARA COMBATIR LAS INFECCIONES Y REFORZAR TU RECUENTO DE GLÓBULOS BLANCOS.
SI LA QUIMIO ELIMINA MUCHOS GLÓBULOS ROJOS, PODRÍAN HACERTE UNA TRANSFUSIÓN DE SANGRE.
ESO SIGNIFICA QUE RECIBES SANGRE QUE OTRA PERSONA HA DONADO.

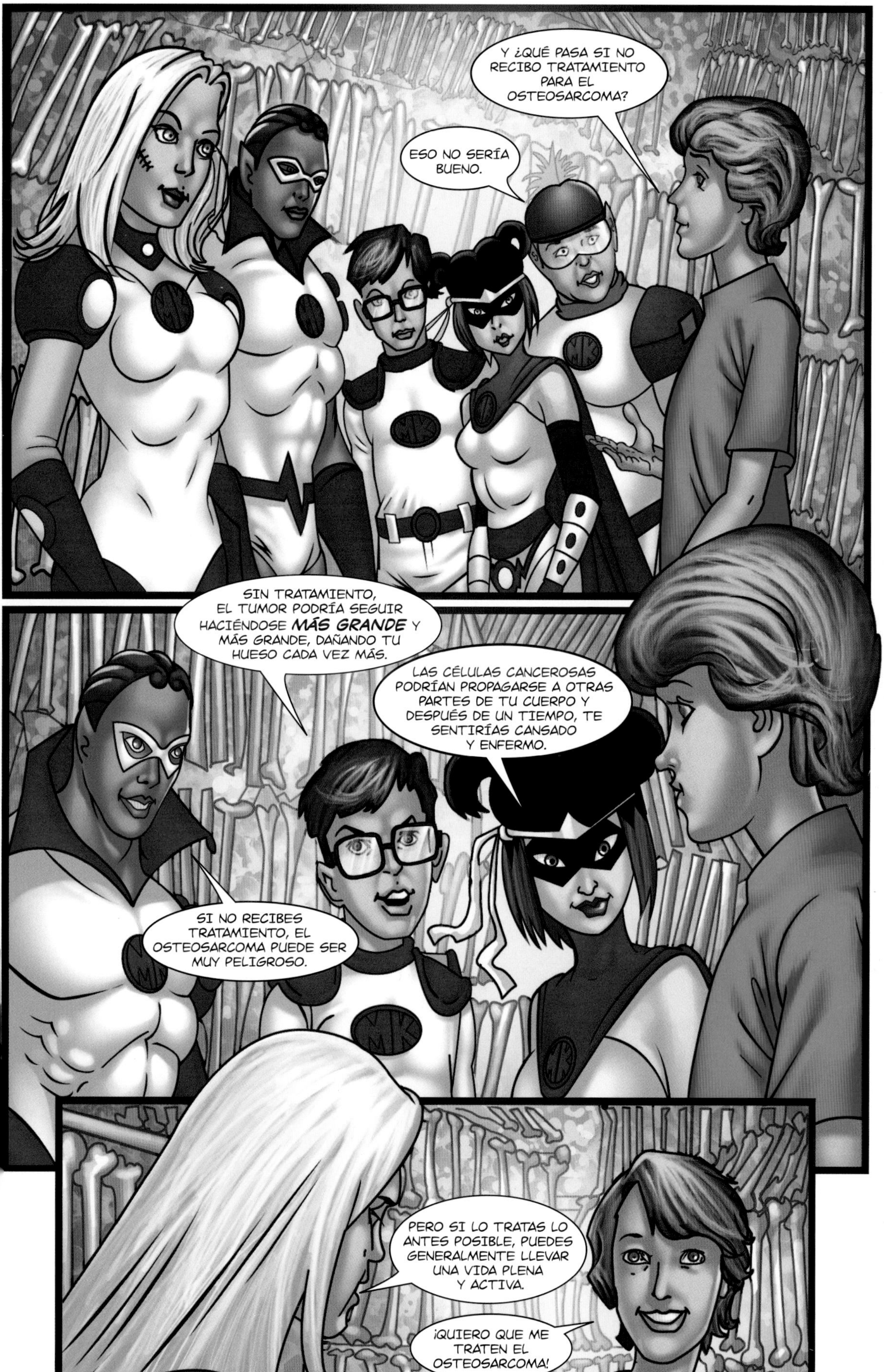
Y ¿QUÉ PASA SI NO RECIBO TRATAMIENTO PARA EL OSTEOSARCOMA?
ESO NO SERÍA BUENO.
SIN TRATAMIENTO, EL TUMOR PODRÍA SEGUIR HACIÉNDOSE **MÁS GRANDE** Y MÁS GRANDE, DAÑANDO TU HUESO CADA VEZ MÁS.
LAS CÉLULAS CANCEROSAS PODRÍAN PROPAGARSE A OTRAS PARTES DE TU CUERPO Y DESPUÉS DE UN TIEMPO, TE SENTIRÍAS CANSADO Y ENFERMO.
SI NO RECIBES TRATAMIENTO, EL OSTEOSARCOMA PUEDE SER MUY PELIGROSO.
PERO SI LO TRATAS LO ANTES POSIBLE, PUEDES GENERALMENTE LLEVAR UNA VIDA PLENA Y ACTIVA.
¡QUIERO QUE ME TRATEN EL OSTEOSARCOMA!

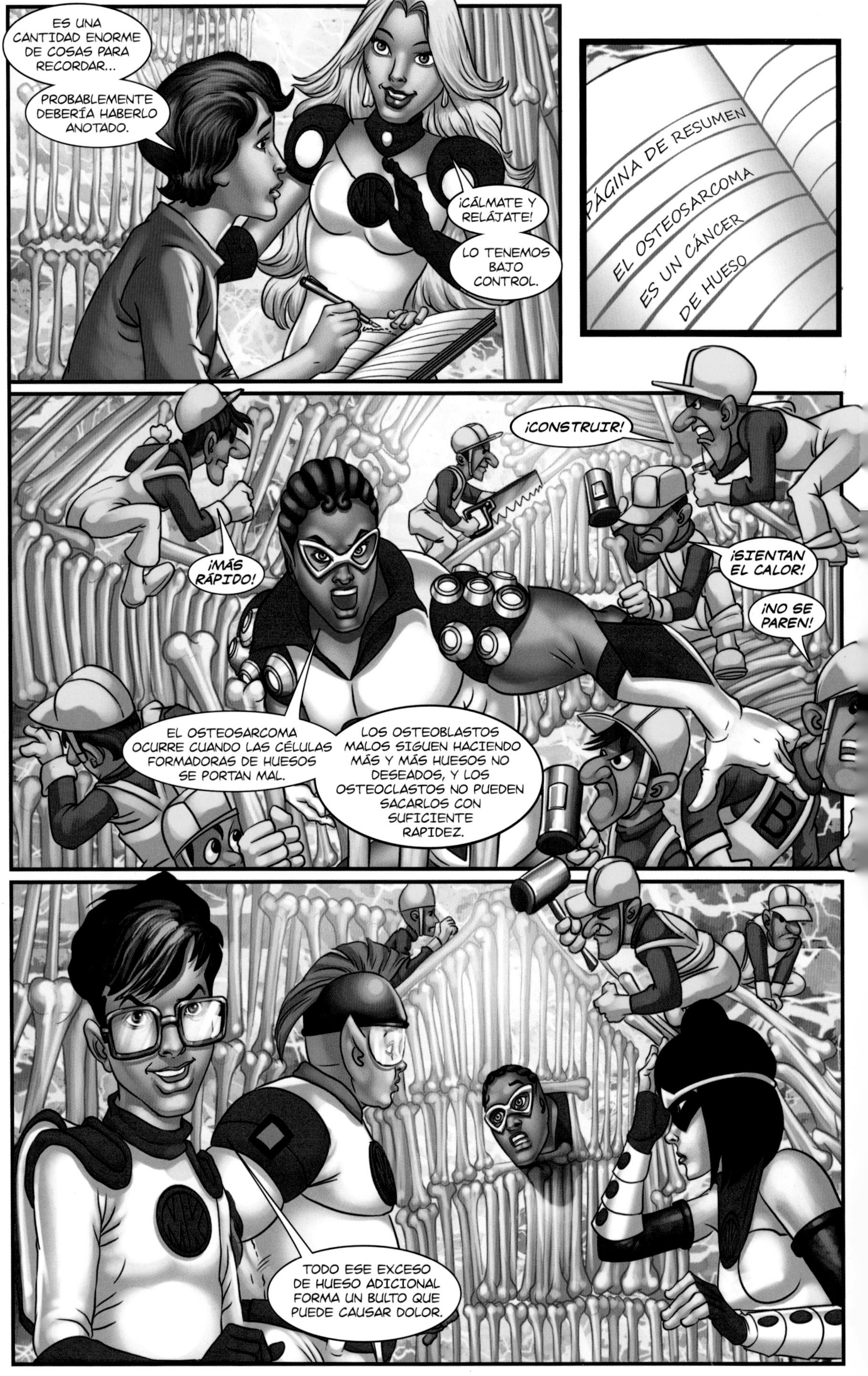
ES UNA CANTIDAD ENORME DE COSAS PARA RECORDAR...
PROBABLEMENTE DEBERÍA HABERLO ANOTADO.
¡CÁLMATE Y RELÁJATE!
LO TENEMOS BAJO CONTROL.
PÁGINA DE RESUMEN
EL OSTEOSARCOMA ES UN CÁNCER DE HUESO
¡CONSTRUIR!
¡MÁS RÁPIDO!
¡SIENTAN EL CALOR!
¡NO SE PAREN!
EL OSTEOSARCOMA OCURRE CUANDO LAS CÉLULAS FORMADORAS DE HUESOS SE PORTAN MAL.
LOS OSTEOBLASTOS MALOS SIGUEN HACIENDO MÁS Y MÁS HUESOS NO DESEADOS, Y LOS OSTEOCLASTOS NO PUEDEN SACARLOS CON SUFICIENTE RAPIDEZ.
TODO ESE EXCESO DE HUESO ADICIONAL FORMA UN BULTO QUE PUEDE CAUSAR DOLOR.

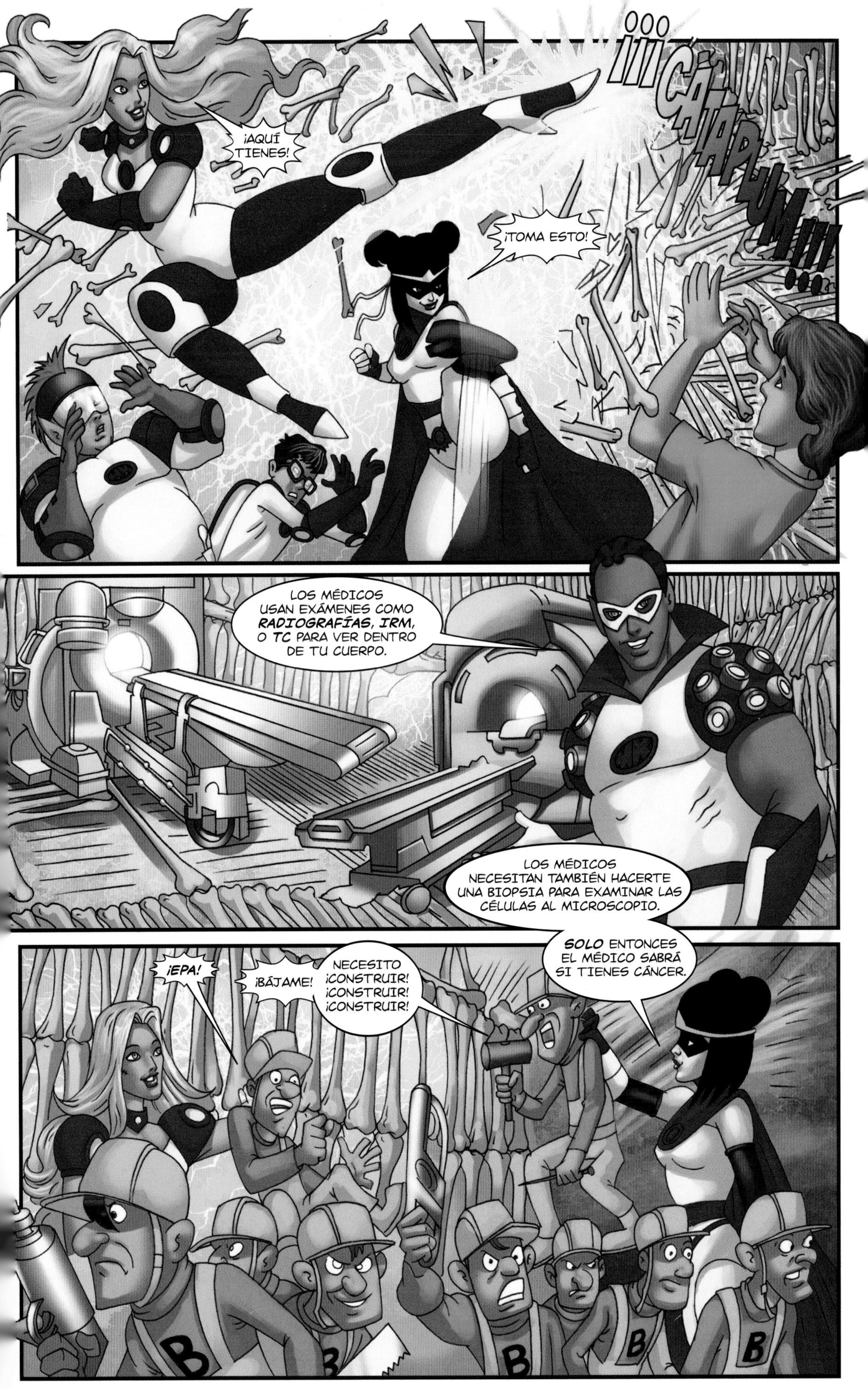
¡AQUÍ TIENES!
OOO ¡¡¡CATAPUM!!! ...
¡TOMA ESTO!
LOS MÉDICOS USAN EXÁMENES COMO **RADIOGRAFÍAS, IRM,** O **TC** PARA VER DENTRO DE TU CUERPO.
LOS MÉDICOS NECESITAN TAMBIÉN HACERTE UNA BIOPSIA PARA EXAMINAR LAS CÉLULAS AL MICROSCOPIO.
SOLO ENTONCES EL MÉDICO SABRÁ SI TIENES CÁNCER.
¡EPA!
¡BÁJAME!
NECESITO ¡CONSTRUIR! ¡CONSTRUIR! ¡CONSTRUIR!

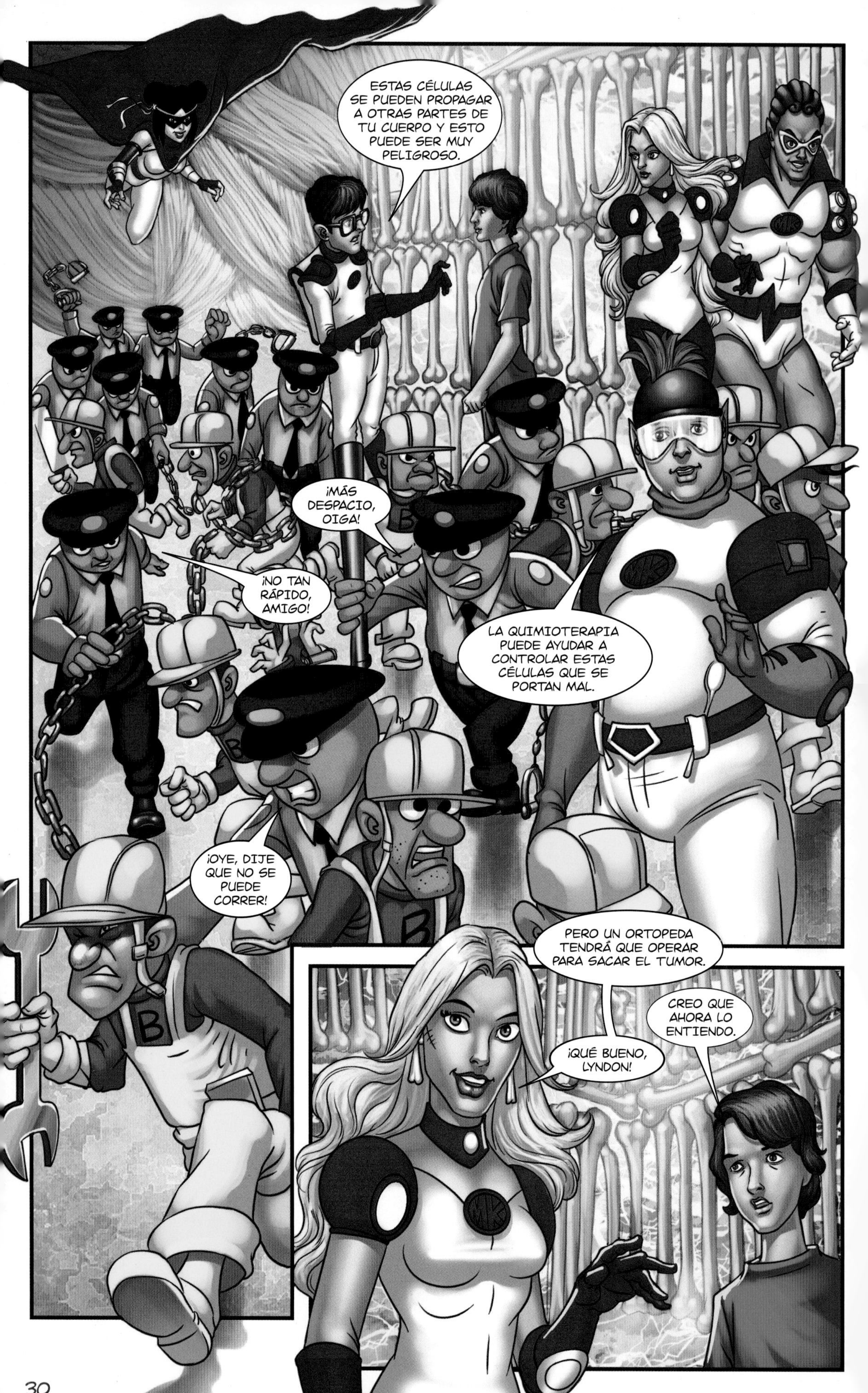
ESTAS CÉLULAS SE PUEDEN PROPAGAR A OTRAS PARTES DE TU CUERPO Y ESTO PUEDE SER MUY PELIGROSO.
¡MÁS DESPACIO, OIGA!
¡NO TAN RÁPIDO, AMIGO!
LA QUIMIOTERAPIA PUEDE AYUDAR A CONTROLAR ESTAS CÉLULAS QUE SE PORTAN MAL.
¡OYE, DIJE QUE NO SE PUEDE CORRER!
PERO UN ORTOPEDA TENDRÁ QUE OPERAR PARA SACAR EL TUMOR.
CREO QUE AHORA LO ENTIENDO.
¡QUÉ BUENO, LYNDON!

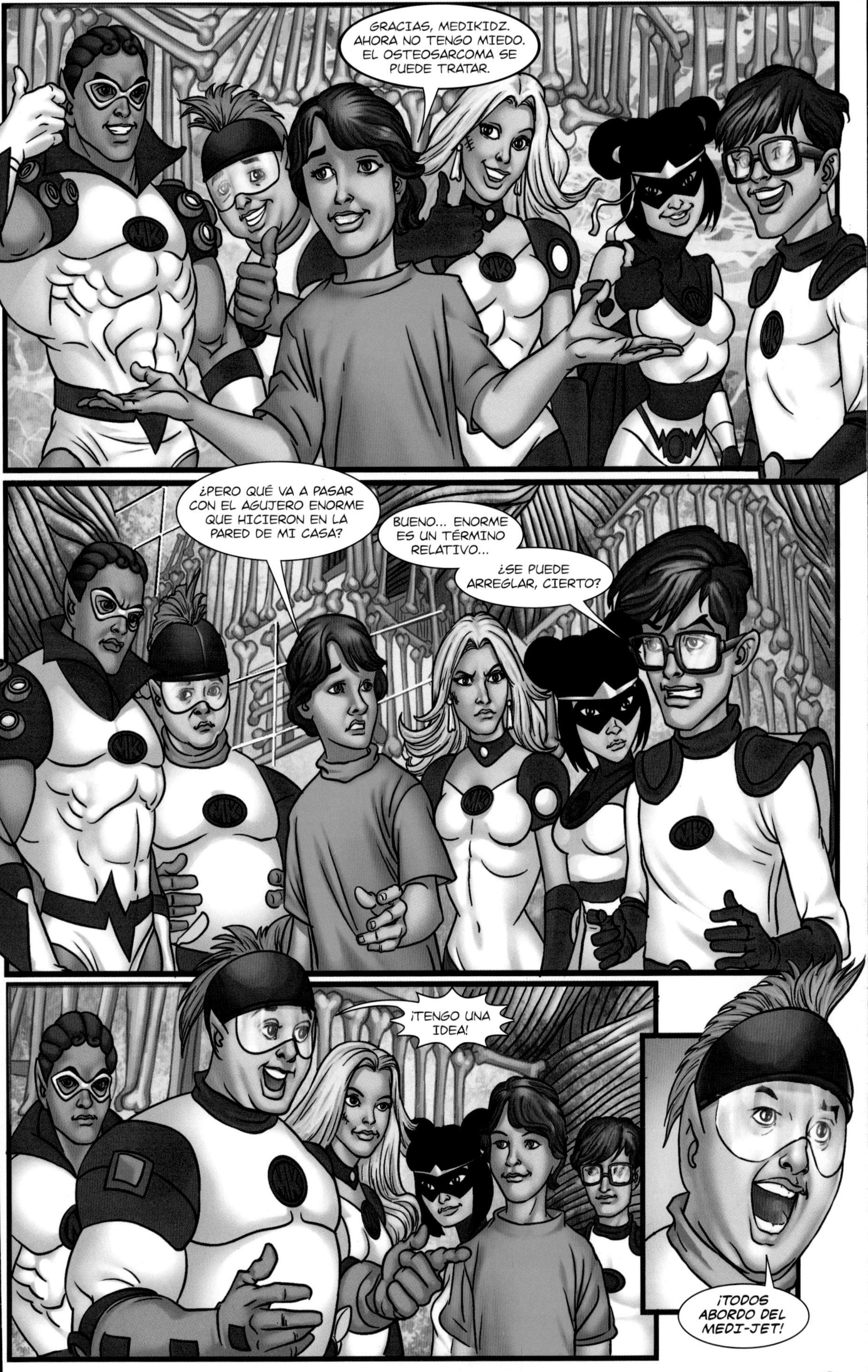
GRACIAS, MEDIKIDZ. AHORA NO TENGO MIEDO. EL OSTEOSARCOMA SE PUEDE TRATAR.
¿PERO QUÉ VA A PASAR CON EL AGUJERO ENORME QUE HICIERON EN LA PARED DE MI CASA?
BUENO... ENORME ES UN TÉRMINO RELATIVO...
¿SE PUEDE ARREGLAR, CIERTO?
¡TENGO UNA IDEA!
¡TODOS ABORDO DEL MEDI-JET!

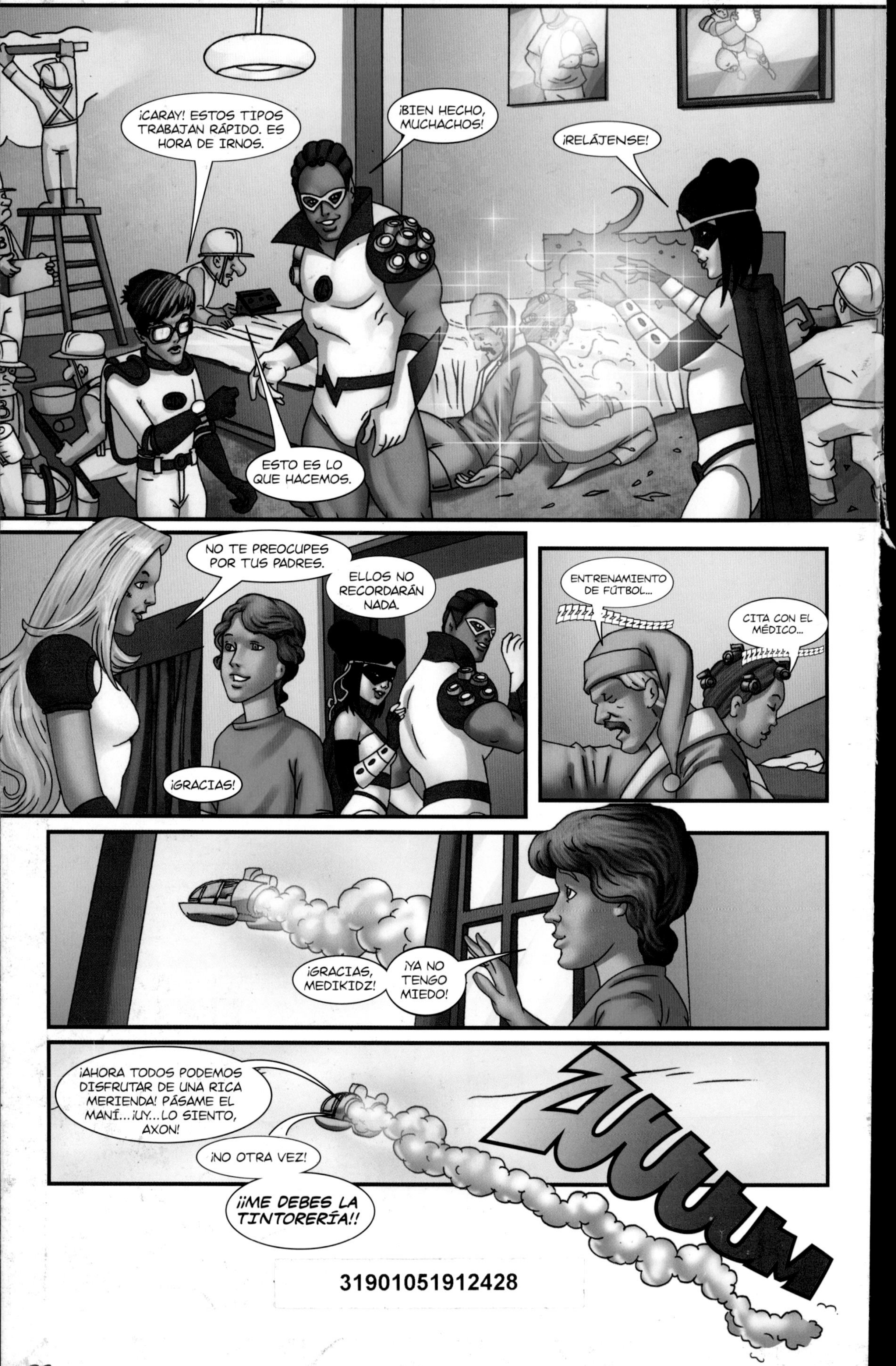
¡CARAY! ESTOS TIPOS TRABAJAN RÁPIDO. ES HORA DE IRNOS.
¡BIEN HECHO, MUCHACHOS!
¡RELÁJENSE!
ESTO ES LO QUE HACEMOS.
NO TE PREOCUPES POR TUS PADRES.
ELLOS NO RECORDARÁN NADA.
¡GRACIAS!
ENTRENAMIENTO DE FÚTBOL...
CITA CON EL MÉDICO...
¡GRACIAS, MEDIKIDZ!
¡YA NO TENGO MIEDO!
¡AHORA TODOS PODEMOS DISFRUTAR DE UNA RICA MERIENDA! PÁSAME EL MANÍ... ¡UY... LO SIENTO, AXON!
¡NO OTRA VEZ!
¡¡ME DEBES LA TINTORERÍA!!
ZUUUUM